学霸说

清北学霸高分学习法

闻道清北◎编著

初中语文

人民邮电出版社
北 京

图书在版编目（CIP）数据

学霸说：清北学霸高分学习法．初中语文/闻道清北编著．--北京：人民邮电出版社，2021.4（2023.5重印）
ISBN 978-7-115-56066-7

Ⅰ．①学… Ⅱ．①闻… Ⅲ．①中学语文课—教学法—初中 Ⅳ．①G633

中国版本图书馆CIP数据核字(2021)第038566号

内容提要

青少年在学习中似乎总有一些困惑。已经很努力地听讲和写作业了，可还是成绩平平？已经有了一定基础，想再上一层楼却总也找不到方法？想要提高学习效率，如何制订学习计划？而初中学段正是需要打好学习基础的重要阶段，希望这本书可以帮助大家解决这些困惑。

本书由清北学子分享经验，编者精心汇编而成，收录了语文学科的学习经验，可以帮助读者快速找到适合自己的高效学习方法。本书分4部分、21篇文章，分别为学习习惯篇、学习方法篇、备考攻略篇以及初衔高秘诀篇，内容全面，既有大局视角的整体方法论，也有具体到单项题型、单项学科技能的学习秘诀。本书在帮助大家更高效地学习和掌握知识的同时，更多的是传授大家可持续的学习力的培养方法，希望陪伴并帮助大家有成效地完成人生中的重要学习阶段，并为未来打好坚实的基础。

本书适合奋斗在学习一线的莘莘学子阅读、参考。

◆ 编　　著　闻道清北
　责任编辑　陈　晨
　责任印制　周昇亮

◆ 人民邮电出版社出版发行　　北京市丰台区成寿寺路11号
　邮编　100164　　电子邮件　315@ptpress.com.cn
　网址　https://www.ptpress.com.cn
　北京天宇万达印刷有限公司印刷

◆ 开本：685×960　1/16
　印张：14　　　　　2021年4月第1版
　字数：201千字　　　2023年5月北京第3次印刷

定价：59.80元

读者服务热线：(010)81055296　印装质量热线：(010)81055316
反盗版热线：(010)81055315
广告经营许可证：京东市监广登字20170147号

编委会

推荐序

我们的社会在高速发展，逐渐从“信息时代”迈向“创意时代”。未来，属于拥有意志力、思维力、创新力，综合素养高的年轻人。

我经常听到年轻的同学们说“仰望星空，脚踏实地”。这可能是孩子们在孜孜求学的道路上给自己的鼓励之词吧！我们的教育不仅要让同学们记住知识点、攻克难题、完成考试，更应该帮助同学们在学习过程中有所领悟，培养可复制的学习力，最终具备科学思维、科学思想和掌握科学方法，搭建可持续的学习系统，更好地生活和工作，创造美好未来。我们的教育目的就在于此。

可持续的学习系统的搭建不是一蹴而就的事情，需要同学们形成内驱的自我认识，对自身不断地进行复盘和更新，一步步让自己接近最好的状态。而“学霸说 清北学霸高分学习法”初中系列丛书为同学们展现了“榜样力量”，以优秀者亲身经历的事实为同学们带来同身份视角的真实、有效的引导。我们从书中可以看到真实的“逆袭之路”，那需要自信心的建立、学习习惯的养成、高效学习方法及解题技巧的摸索，最终实现自己的阶段性求学理想。在我们目前的高压力、高要求的学习环境下，这样的帮助，在引导同学们更好地完成课本学习任务的同时，也可给予同学们人生的启迪与熏陶。这是有意义的。

最后一句，送给我们的出品团队和充满斗志的学子们：

识，闻道清北；听，学霸说法；解，学子迷思；圆，考生梦想。

二〇二一年元旦

序言

你好，正打开这本书的朋友，很高兴以这样的形式与你进行一次交流。我是清华大学计算机科学与技术系的郑林楷，也有人叫我“脑王”，但我今天不比赛，想要跟大家聊一聊这一路以来的感悟与心得。在“最强大脑”的比赛中，我认识了很多有趣的参赛队员、博学的导师，在交流中，我也发现，不管在什么学习阶段，都会有同学存在着各种误区。其中一个就是认为学习时长和成绩好坏成正比，投入的时间越多，成绩就越高。虽说“一分耕耘，一分收获”，但是如果十分耕耘才换来一分收获，那就要思考一下学习效率的问题了。

就好比数学中的一个基础问题——路程等于时间乘速度，同样的一千米，有的人用两小时走完，有的人只用10分钟，还有的人骑自行车“分分钟”赶超。学习成绩与时间、智商没有绝对的关系，智商再高的同学如果不投入时间学习，一样会停止不前。随着课业难度的增长，学习时间也越来越紧张，很多同学以及家长的第一反应都是压缩学生的课余休息时间。鲁迅先生说：“时间就像海绵里的水，只要愿挤，总还是有的。”我认为这句话的意思是节约点滴时间，而不是把所有的时间都“榨干”，把一切学习以外的时间都压缩到极致。尤其是被动学习的同学，一边为学习成绩焦虑，一边为有限的时间苦恼。课后，除了做作业，根本没时间自己学习，就像一个越滚越大的雪球，形成恶性循环。

要想从源头解决成绩问题，单靠挤时间基本上是没用的，必须重视学习效率，学习如何规划时间、提高学习效率，提升自己的学习能力。在我看来，学会取舍是规划时间的第一步。面对很多本要看的书、要做的作业，先看哪一本、做哪一本？我的答案是先选择最重要的那本，把其他要看的大致排序，一本一本地完成。每次认真读完一本书所获得的，远远多于随意浏览十几本所获得的。当你看完最重要的那一本书时，第二本就成为最重要的那一本。有序地按计划进行阅读，确保自己一直在做最重要的事情，这有助于保证自己的时间一直是被高效利用的。这种重要程度排序法对于课外其他活动也同样适用，虽然不是所有事情都完成了，但做过的事情的完成度一定都是高的。

第二步，正确评估自己的优势与短板，在有限的时间里做自己能力范围内的事。我多次参加奥数比赛，没有哪次一上来就挑战压轴题，而是在大致浏览完所有题目后，先从擅长的类型入手。经过交流，我发现绝大多数选手也是这样做的。现在市面上的教辅材料非常多，难易程度参差不齐。有的同学看到难度极高的题目，总忍不住想去挑战一下，证明自己的能力。但在考试中，这是非常不可取的。你在做完试卷前面的基础题目之后，如果还有充足的时间，再向难题发起“冲刺”，这时它是拉开差距的加分项。但是，如果你连前面的题目做起来都很困难，就没有必要挑战难题，否则不仅没有得分，还会得不偿失，浪费用于检查前面题目的时间。我们在制定目标的时候，不要制定超出自身能力范围过多的目标。我们要根据自己的优势与短板做一些与自己水平相适应的题目，在巩固了基础以后，才有继续提高的可能性。

第三步就是落实。列好目标计划，每天开始学习时就问一问自己今天的目标是什么；结束时再对照目标看一看是否完成。不断地督促自己，持之以恒，管理自己的时间，不做学习的“奴隶”。当你踏出学习的第一步时便注定风雨兼程，自由的前提是自律，自律的顶端就是自由。我相信打开这本书的你一定想要提高自己，我更相信看完这本书的你能够战胜过去的自己，做一个自律又自由的人，不要因为一时的普通而否定了自己成功的可能性。

生活里我们每个人都是普通的，厉害的人只占少数；每个人又是不普通的，人人身上的闪光点各不相同。成长的道路上，有那么多良师益友，他们陪伴我们一起学习、一起进步。

由清华学子和北大学子共同组建的教育团队打造的“学霸说 清北学霸高分学习法”初中系列丛书汇聚了数十位清北学子的共同智慧，内容贴近课程标准、遵循考纲题型、立足教材，包括学习习惯篇、学习方法篇、备考攻略篇、初高衔接秘诀篇4个部分。学子们倾情分享各学科的学习方法，帮助更多处在初中学习阶段的同学快速找到适合自己的各学科高效学习法；通过分享初中学习阶段可能遇到的问题与解决办法，给备受同样问题困扰的学生指引方向；通过总结考试题型、特点与答题要领，传授学生考场制胜的绝招儿。本书编著者闻道清北团队不仅具有丰富的教育和研学经历，并且一直致力于帮助中小学生培养良好的学习习惯和学习方法，立志做有关爱、有温度的教育图书。

“良师之课似春怡，讲至妙处万物迷。清风不辞远道来，窗边旁听不知疲。”大家或许都畅想过走进清北校园，去看北大博雅塔、未名湖、振兴中华碑，去看清华园的荷塘月色、闻一多像等。大家或许更想听清北名师讲课，与校园里的学子交流学习心得，感受名校的深厚文化内涵、学术氛围。这套“学霸说 清北学霸高分学习法”初中系列丛书不仅是学习方法的分享，更是一次与清北学子心灵上的深入交流。当你读到书中的某一篇文章，或许能从字里行间看到自己彷徨不前的影子。不要担心，不要慌张，你面临的问题我们曾经都遇到过——学习目标的思考、学科短板的限制、学习技巧的误区、成绩平台期的调整……我们都有话想说，也都有方法去改进。

荣誉只代表过去，奋斗成就未来。我从未想到第一次参加笔试、面试就能登上“最强大脑”的舞台，也从没想过会捧起“脑王”的奖杯。经历过晋级、淘汰、复活的起起落落，我认识了台前、幕后的小伙伴，最终回归日常生活，我还是那个为了期中、期末考试而紧张的大学生。而现在的你离中考还有一段距离，正是培养学习习惯、掌握学习方法的黄金时期，我相信书中内容给你的每一点儿触动，都会给你带来一点儿影响，让你有所收获，使你继续前进！

不要因为一时的普通，而否定了自己成功的可能性。

郑林楷

二〇二一年一月

愿你以梦为马，不负韶华

亲爱的同学：

你好！你是否有这样的情况：为学习缺乏动力、没有效率，始终找不到属于自己的高效学习方法而苦恼；为自我管理能力差、不会合理规划时间，每天挑灯熬夜也不见成绩提高而苦恼；为学习成绩平平，不知怎样才能取得不错的成绩而苦恼……

如果你有这样的情况，没有关系，我来帮你，让我成为你腾飞路上的助力！

或许，你会问我是谁。

我是闻道清北，是一支由清北学子组成的，致力于将清北学子使用的高效学习方法、考试技巧等经验分享给有需要的同学的小团队。2018年诞生的我，决心给备受学习问题困扰的你点亮“明灯”，指引你到达“彼岸”。

如果你还天真地认为，学习只要认真听讲、勤奋努力、“疯狂”做题、认真复习，“尽人事，听天命”就行，甚至认为学习成绩好纯粹靠天赋，那你就大错特错了。

我们用两年的时间调查研究，并且经过深入研讨后得出的结论是，成绩优异、考入名校绝非靠天赋！其实，“学霸”也不过是莘莘学子中的一员，也是一步步克服学习中的困难，翻越学习过程中遇到的一座座考验的大山，才成长起来，最终考上名校、成功圆梦的。

为了助力你展翅高飞，我收集了清北学子关于学习的点点滴滴，将它们汇聚在一起，编写了这套“学霸说 清北学霸高分学习法”初中系列丛书。清北学子通过分享自己的高效学习日常，给学习效率不高的你树立习惯榜样；通过总结自己的学习方法与技巧，给苦学无果的你指引方向；通过精炼自己的备考过程，给处于迷茫期的你以信心；通过回忆自己的亲身经历，告诉你做好初中学习与高中学习的过渡多么重要……

本书是清北学子智慧的结晶。

学习习惯篇。他们谆谆教导，只为让你养成良好的学习习惯。良好的学习习惯，有利于激发你的学习积极性和主动性，有利于培养你自主学习的能力，有利于培养你的创新精神和创造能力，使你终身受益。

学习方法篇。他们倾囊相授，讲解不同学科的学习方法，梳理每个阶段需要掌握的知识体系，针对考试分享不同题型的答题技巧，只为帮助你从根源上解决学习痛点。

备考攻略篇。他们知无不言，这些攻略与市场上的考题练习类书籍互补，解决你在学习中“一学就会，一考就蒙”的“老大难”问题。

初高衔接秘诀篇。他们娓娓道来。初高衔接阶段是几乎每个学生都会遇到的，如何顺利度过这个磨合期，是困扰学生的普遍问题。本书就这一问题展开了多角度解答，希望你能从中获取顺利度过初高衔接阶段的秘诀。

你看到的每字每句都取材于清北学子真实的成长经历。他们在考入清华、北大前也不过是高考备考大军中的一员，同样面对着学科短板的限制、学习技巧的误区，需要进行人生目标的思考、学习状态的调整……他们之所以能够脱颖而出、超越同侪，是因为他们在面对这一个个困难时，不退缩、不胆怯，寻找一切办法去一一克服，由此突破自己、快速成长，最终圆梦。

羡子年少正得路，有如扶桑初日升。

你的征程已经开启。希望在阅读完本书后，你能收获满满！

闻道清北

学霸寄语

清华－伍廉荣

石以砥焉，化钝为利。中考是大家人生的磨刀石，只要我们努力打磨，一定能披荆斩棘！

北大－王宇

我们无法预测将来的自己会成为怎样的人，唯一能做的就是把握现在，不留遗憾！

清华－于思瑶

书山有路勤为径，学海无涯苦作舟。

清华－杨子悦

不为失败找理由，只为成功找方法。希望大家都能顺利到达成功的彼岸！

北大－黄宁婧

认真对待每一道题，将这个积累的过程当作“打怪”的过程，最后高考结束，你回过头来会发现，自己已经“通关”了。

清华－邱梓晟

在紧张的学习之余，千万不要忘记保留一颗乐观的心，相信那句“All is well.”，幸运女神将永远眷顾自信乐观之人。

北大－蒋馨雨

从稚嫩迈向成熟，就是要学会摆脱原本的他律，走向真正的自律，在自律的推动下走近自己的目标与梦想。

清华－宋娜萍

试着为自己找一些爱上学习的理由吧！只有从内心接受它，才能有所提升。

北大－徐丽博

提纲而众目张，
振领而群毛理。

北大－白思雨

盛年不再来，一日难再晨。
少年们，抓住时光，好好珍惜！

清华－张馨月

望你以最饱满的热情、最昂扬的斗志、最刻苦的精神，全力以赴，坚持到底。

北大－杜嘉仪

一个人的知识、能力和价值观，才是深藏于内心、并真正属于自己的“三把火”！

北大－禹小琴

我深深地理解，耗费了多少时间，战胜了多少困难，耐住了多少寂寞，才取得眼前的成绩。请你足够相信，成功都是在追求、拼搏和苦干的过程中，慢慢熬出来的！

北大－窦鑫宇

不断改进自己的学习方法，坚持初心，坦然面对学习中的坎坷，坚信自己的努力不会白费。

北大－曾媛

无论走得多远，都不要忘了为何而出发。加油。Trust yourself！

清华－王雨星

所有的事，到最后都是好事，如果不是，那一定没到最后。请坚持吧！祝学弟、学妹们都能收获属于自己的光芒！

北大－哈杰

学习是个持久的过程，不要因为一两次的失误就否认自己，放平心态，找到方法，脚踏实地去学吧！

北大－李佳钰

我不相信运气，只信努力。运气会用尽，努力不会。

北大－李文凯

stay hungry, stay foolish.

清华－张子寒

多规划，少慌乱；多埋头，少抱怨；多动笔，少走神；多总结，少懒散。

北大－刘若迎

将功夫用在平时，带着轻松去考试。

北大－肖婷宁

梦成就现实，下一刻更好！

清华－姜晓雪

光阴易逝，韶华有时。青春靓丽，正当励志奋发时！

北大－牛梦莹

遇难心不慌，遇易心更细。

北大－苏萌

当你的能力还驾驭不了你的
目标时，就应该沉下心来历练。

清华－曾小源

机会永远留给最渴望的那个人。

北大－唐连务

欲戴王冠，必承其重。

北大－田佳轩

梦想，不是浮躁，
而是沉淀和积累。

清华－李昊楠

各位同学，加油！未来是你们的。

清华－张蓉

细节决定成败，
态度决定一切。

北大－张梦

天下事有难易乎？
为之，则难者亦易矣；
不为，则易者亦难矣。
人之为学有难易乎？
学之，则难者亦易矣；
不学，则易者亦难矣。

——彭端淑（清）

北大－张鹏

愿天空的每一颗星星，
都为你而闪耀。

目　录

01【学习习惯篇】

02【学习方法篇】

04【初高衔接秘诀篇】

01
学习习惯篇

学习习惯，
是在学习过程中经过反复练习形成并发展起来
的一种个体需要的自动化学习行为方式。
良好的学习习惯
有利于激发学生学习的积极性和主动性，
有利于学生制订学习策略，
有利于提高学生的学习效率，
有利于培养学生的自主学习能力，
有利于培养学生的创新精神和创造能力，
使学生终身受益。

初中是黄金积累期，培养你对语文的感觉

徐丽博

高考总分：**627** 语文：**117**

毕业于黑龙江省牡丹江市穆棱市第一中学

2018年考入北京大学外国语学院

内容导读

刚升到高一时，同学之间流行一个段子，“世界上互相之间最信任的人莫过于初中老师和高中老师了，一个说‘中考不考，你们不用学，高中老师会教的’，另一个说‘这么基础的东西在初中应该已经学过了吧，那我们跳过讲下一题’”。大概有一部分初中老师对语文的教学，承接了小学老师的“放散羊”式管理，很多本该在初中补齐的基础知识在高中狂风骤雨式的应试考查和查缺补漏中暴露无遗。这点我深有感触，只能在高中阶段的3年里一点点补齐初中欠下的“债”。因此我把自己走过的弯路与大家分享，希望大家不要重蹈覆辙。

养成课外阅读的好习惯

初中课业相较于高中而言更轻松，比起高中“功利地”阅读课外书以提升语言应用能力和写作技巧，初中是一段你可以享受阅读、增加底蕴的黄金时期。

首先一定要仔细挑选要读的书。我的建议是优先选择经典名著。虽然近年来有不少优秀的网文作品，但是总体上看依旧良莠不齐、鱼龙混杂，部分文章中包含的价值观和思想内核也不适合处于青春期、心智尚不成熟的初中生阅读了解。

如何快速读完一本书呢？秘诀就是：周围没有其他比读书更有意思的事情，抑或是这本书是借来的。我初中时如果能看电视，绝对不看书，能玩电脑，绝对不看电视。因此父亲把家里的电视线掐断了，当时我还小，做不来接电线的活儿。从初一到高三，整整6年，除了去奶奶家看春晚，我基本没有机会和电视“亲密接触”，家里的电脑又常年被父亲“霸占”着，所以我只能把看书当作消遣娱乐。所以说，当你下定决心读完一本书时，要尽量清除目所能及的范围内你认为比书籍更有意思的东西，然后一心一意地看，甚至可以让你比较害怕的人监督你（比如我做作业时会跑到父亲身边，这样做有一种监督作用，作业完成之前自己断然不敢走）。

前文提到，借来的书看得快。小时候，妈妈在超市旁开店，我经常会去店里找她，磨蹭片刻后就去超市。那里有专门的图书摊位，除了菜谱、漫画、育儿心得之外，其余的图书几乎都很适合初中生阅读。我小学、初中时期的很多个寒暑假都在那里度过。“不花钱”“没有时限”“不能带走”“很有意思”，超市图书的这些特点极大地提升了我读书的速度。《悲惨世界》《红与黑》《简·爱》，甚至是《源氏物语》，这些大名鼎鼎的作品，在知道它们是名著之前，我就已经把它们当故事一样看完了。当老师讲到雨果、司汤达、勃朗特三姐妹、紫式部是多么有名，他们的作品是如何伟大时，我心中暗想，这些不就是自己曾经读过的那些有趣的故事吗？诚然，小时候的阅读不一定能让你真正地深入作品的内核，但是读完作品后的意犹未尽，会让你在课堂上再次与它们相遇时自然而然地产生一种亲切感。而那些不熟悉这些作品的同学往往会听得一脸茫然。这种对书籍的亲切感和自认为比别人知道得更多的小小骄傲感正是我语文学习的动力之一。

享受阅读的一个方式就是进入浸入式阅读状态。直到现在，我看到书中动人的情节还会不自觉地流泪，看到有趣的情节仍会捧腹大笑。阅读小说时，我会将自己带入喜欢的角色，感其所感；阅读散文时，我会仔细感受文章的散而不乱，气脉中贯；阅读诗歌时，我会拖着长腔短调，抑扬顿挫地把它大声朗诵出来，体会诗人创作时的感情和意境。总之，阅读时不要做一个旁观者、局外客。如果把阅读比作一场盛大的狂欢宴会，那么局促地站在一旁是不可取的，拿起酒杯，和书中的人物、情节共舞吧。

初中的你，已不是儿童，看书不能像放烟花一样，看完热闹就散了。在这个阶段，你要开始培养自己阅读时的思考能力，去思考书中所描述的是非善恶是否如你儿时想象的那般黑白分明；去思考作者为什么把某一个看似无关紧要的情节放在这儿；去思考读完这本书之后你收获了什么，是否颠覆了你先前对一些事物的认知，你要做出怎样的改变。刚上初中的你可能还不太明白作品的内涵，这时你可以结合作者的生平和时代背景进行分析。如果遵循这样的方式阅读，你一定会受益匪浅。

关于阅读，我还有另外一个建议：遇到自己不理解的内容，不要马上去问他人，而应尝试着得出自己的答案，然后向爸爸、妈妈、老师咨询或上网查资料，把自己的答案和别人的答案对比，以保有自己独立判断、独立思考、不迷信权威的能力。

玩转“工具书”

在当前的减负教育下，一些类似于分析句子成分的比较机械的内容不再被老师强调，但这些内容恰恰是语文学习的基础。正所谓“基础不牢，地动山摇”，想要补齐这些被老师忽视的内容，学会高效率地利用“工具书”是极为重要的。

平时看完有意思的小说、散文后，我也会翻一翻一些工具书，倒也感受到了些许趣味。初中语文学习中比较欠缺的是有关结论性方法的掌握。以病句题目为例，在初中阶段你刚开始接触这类题目的时候，老师一般不会讲得太深入。他们往往会通过带你刷题，让你建立起对病句的比较感性的认知。不过如果你想在语文学习上领跑，仅靠老师课堂上所讲的内容是远远不够的。“工具书”中会有关于病句成分分析和模型总结的内容，它会帮助你从更加理性的角度学习语文，而不是仅靠语感。除此之外，工具书中还有生僻字总结、近义词辨析、成语解释、文化常识等内容，这些知识不需要特别背诵，只需常常翻阅就能受益无穷。

说到工具书，就不得不提一下字典了。很多地区中考题目中的选择题特别注重对易错字和生僻字读音、近义成语意义的考查，而且为了与高中更好地衔接，对文言文的考查也拓展了广度和深度。薛金星的《初中语文基础知识手册》虽好，但是检索不方便，不能做到随找随查，所以字典应是学生常备之物。

我的储物柜里常放着4本词典：《新华词典》，专门用来查字的读音和简单的意思；《古汉语词典》，查找文言文中的陌生词汇的意义和其他拓展义项；《成语词典》，用来查阅成语的意思，并且把没见过的成语誊抄在积累本上，以便随时翻阅；另外还有英语词典。上语文课之前我会把它们取出来，方便查阅和积累，下课后收进储物柜，不占桌面空间。千万不要把字典束之高阁，任其吃灰，要物尽其用。

以不变应万变

中学作文的特点之一就是半命题，所以我认为可以靠平时的积累灵活应对，甚至可以达到“用一篇作文应对各种题目”的效果。在看到作文题目时，我会有意识地回想自己储备的文章当中有没有切合题意的；如果没有，怎么调整才能切合题意。半命题作文大大拓宽了我发挥“小聪明”的余地，就算是全命题作文，中考题目往往也是灵活度很高的。举个例子，我之前看过一篇优秀作文，其大致内容如下。

下雨天，我恶作剧地把鞋和衣服弄脏了，回到家的时候看到邻居家的小女孩手里拿着康乃馨和妈妈撒娇。家里没人，只有桌上的饭菜，我吃完饭、换上新衣服就出去疯玩。回到家，我到处找也找不到妈妈，最后发现她在卧室，手里拿着小女孩给的康乃馨和贺卡，原来今天是母亲节。妈妈怕我自责，甚至还把康乃馨和贺卡往身后藏。我感到十分惭愧，于是逐渐改变了喜欢恶作剧、不体谅父母的恶劣性格。

怎样利用这篇文章应对多种多样的中考作文题目，以不变应万变呢？我任意抽取几个中考题目，展示一下文章是如何依据题目需要变形的。以黑龙江省某地区2017年的考题“××的力量”/“捡拾记忆中的珍珠”为例，我们该如何下笔呢？前者可以把故事中的象征性的事物提取出来将题目补充完整，如“康乃馨的力量”。至于后一个题目“捡拾记忆中的珍珠”，讲的是回忆，初中生的回忆就是自己成长的过程。而这个故事正好讲述的是自己性格的蜕变，完美切题。黑龙江省某地区2016年的作文题为“青春的味道”，如果把青春与成长进步的关系在开头挑明，那么这个素材就可以运用进去了。

作文题其实是一道有很高区分度的题，也是容易让考生不知道怎样突破的题，所以掌握随机应变的能力十分重要。关键就是要建立起自己的文章储备库，以及在落笔前梳理清楚题目与自己所储备的内容之间的联系。素材还可以通过平时的练笔进行积累，学会运用好词好句，还可以找同学和老师帮忙修改文章。看似琐碎的过程，实则可以不断将你的文章打磨圆润。只有你平时准备充分，才能在面对考试时得心应手，以不变应万变。

字就是你的“脸面”

初中也是练字的黄金时期，考试时，字就是你的“脸面”。因为写错字而涂出黑墨团绝对是大忌。最基本的要求是要做到横平竖直，卷面清晰。如果想把字写得更好，除了每天定量临摹字帖外，平时写字的时候也要有意控制，不能临摹字帖时字迹工整，离了字帖字迹依旧潦草。平日里写作业不必着急，放缓速度寻找写字帖的手感；如果觉得手生，可以拿出字帖练几分钟找找手感。练字除了熟能生巧，用心揣摩观察也是很重要的。我们现在多用碳素笔、水溶笔写字，想写出笔画的微妙的粗细差别很有难度。改善字体结构最快也最明显的方式就是改变字的间架结构，这就需要在练字的时候仔细观察笔画的位置和比例。很多人握笔的姿势不规范，这样不仅费力，还不容易写出好看的字，所以调整手部姿势也很重要，大家可以在网上找一些教程来学习。另一个方法就是观察字写得好看的同学写字时的姿势、运笔。这也是我采取过的策略，但副作用是一段时间内你的字可能有点儿像你模仿的同学的字。

不要计较“一城一池”的得失

我最开始想要提高语文成绩是在初一下学期，那时我投入了很多时间、精力，但是一直收效甚微，语文成绩没有显著的起色。当时我非常着急、郁闷，这种心情甚至对我学习其他科目造成了不良影响。父母和老师发现了我的异样，并且帮助我进行了调节。所以朋友们，遇到这种情况，与其憋在心里自己消化，不如找师长沟通，他们不仅能疏导我们的心情，还能够用他们丰富的经验帮我们找出问题所在，指点我们走出迷津，少走弯路。一段时间后，我的语文成绩突破了瓶颈，上了一个新台阶。我从这段经历中得到的经验就是：语文的学习需要积累，突击式的学习如同石沉大海。即使一段时间内成绩没有显著提高，也不要气馁，继续努力，通过与师长交流来反思自己的学习方式，并及时做出调整。

有输入，才有输出；“苦背”何时成了“笨法子”

徐丽博

高考总分：627 语文：117

毕业于黑龙江省牡丹江市穆棱市第一中学

2018年考入北京大学外国语学院

内容导读

当代认知心理学家们认为，认知过程就是信息加工的过程，是信息输入、编码、储存、提取、输出的过程。而我们的学习活动就是典型的认知过程。知识进入大脑，形成不同的经验范畴区块，输入的时候肯下功夫，知识便牢固，运用时便可信手拈来；输入时偷奸耍滑，基础就松散，考试前临时抱佛脚都来不及。

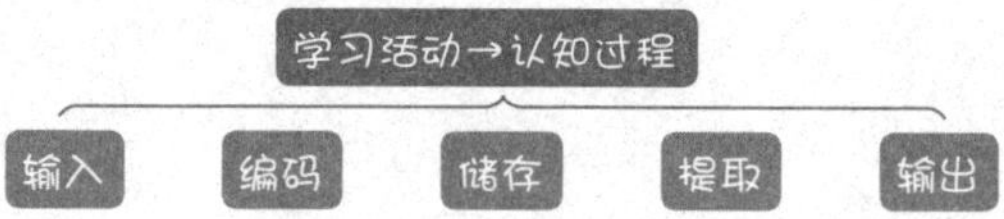

大脑记忆规律

大脑记忆的3种模式

1. 瞬间记忆

80%以上的人都不会特别注意这种记忆方式。你上学路上碰见的路人，擦肩而过的自行车，女同学头上的发卡等，这些事物都是以瞬间记忆的方式进入我们大脑的。只要不是对自己特别有利的，或者特别引人注目的特殊事件，我们都会很快遗忘，因为我们的大脑没有对这些信息进行有意识的加工。而那些刚学习的知识，其益处不会在短期内体现出来，如果不进行训练强化，就很容易遗忘。

2. 短时记忆

短时记忆是长时记忆形成的中转站，有意识地对需要记忆的内容进行加工、储存，可以为形成长时记忆做准备。最典型的短时记忆就是考试前的突击背诵，一旦把知识从脑海里如赶鸭子下水一般写到试卷上，这些曾经记住的内容就仿佛不见了。因为短时记忆的容量有限，所以那些突击背诵的内容并没有真正地镌刻在脑海中，而且短时记忆容易出现“舌尖现象”。我们在演讲或者考试的时候，自己明明记忆过的表达或者知识点在舌尖或脑海里打转，却怎么也想不起来，但在演讲或者考试结束后又猛地想起来，这种现象就叫作“舌尖现象”。这是由于采用死记硬背的方法时，知识点或者资料的联结往往不牢固，人一旦处于紧张的状态就会发生“舌尖现象”。“舌尖现象”仅是记忆的一种特殊现象，不属于病态，无须为此担心。不过，“舌尖现象”是我们考试提分的绊脚石，我们要通过重复训练和使用技巧来加以克服。

3. 长时记忆

长时记忆的特点是大脑容量大，保存时间长。长时记忆由于采用了记忆方法和思维能力的组合，大脑对长时记忆的处理和提取速度非常快，常常给人一种记忆犹新的轻松感觉。要形成长时记忆，就必须把瞬间记忆通过短时记忆转化成长时记忆。不过长时记忆不等同于长期记忆，随着时间的流逝，还是会有部分记忆内容流失。所以，对于自己认为已经牢固掌握的知识，也要及时做好复习和巩固。

背诵和精读是否过时

中小学语文教材中要求背诵的古诗文一共有100多篇，听到这个数字，不少学生叫苦，很多家长费解：互联网时代获取信息多么便捷，为什么还要把时间花费在“无意义”的背诵上？在信息高速流通的当下，背诵和精读是否已经过时了呢？

我认为，背诵并没有过时。互联网作为工具，可以高效地获取信息，但信息不等于知识；而通过背诵，我们可以将信息内化成能运用的积淀，并使其成为自己的知识。

相信大家都有过这样的体验：一个事物如果在正式学习之前自己就了解过、听说过，一旦老师在课堂上提及，我们大多会饶有兴致地听讲，对其接受程度要比闻所未闻的事物高得多。能够背诵、记得住、心里有东西，是开展一切其他学习的基础。比如，我们小时候大多被父母强按着背过诸如《静夜思》《寻隐者不遇》的诗词，虽然不解其意、懵懵懂懂，但是对诗词的平仄、韵律也有所体会。随着年龄的增长、理解能力的增强，我们不断解锁儿时记忆的美篇佳句的神韵，并越来越能够灵活运用它们。其实语文学习就是这样一个过程：不断积累吸收，把内容编译成大脑能理解的形式，在这个过程中与思维相结合，最后运用时信手拈来。

近来，几位语文教育界泰斗级别的人物纷纷表示，学语文，就是要记、要背！创造力和记忆力从来都不是对立的！“死记硬背”的过程其实就是“书读百遍，其意自见”的过程。语文学习，精读是信息的吸收，答题与写作是逻辑和情感的表达，背诵是语料的储存，三者相辅相成，缺一不可。初中正是大脑发育、良好记忆习惯养成的黄金时期，切勿荒废，要练就记忆的“童子功”。而且泰斗们口中所说的“死记硬背”并非不讲方法地乱背一气，更不是硬生生地只将知识填到脑子里，而是辅之以多写、多运用，以及与思维能力相结合的背诵。背诵也是积累的过程，而且积累的是最基本的功底。要记住，只有脑子里有东西才会有创造其他的可能。

背诵能给我们带来什么

朱光潜先生回忆自己学习国文的经历时曾说道：“私塾的读书程序是先背诵后讲解。在‘开讲’时，我能了解的很少，可是熟读成诵，一句一句地在舌头上滚下去，还拉一点腔调，在儿童时却是一件乐事……我现在所记的书大半还是儿时背诵过的，当时虽不甚了了，现在回忆起来，不断地有新领悟，其中意味确是深长。”背诵究竟能给我们带来什么呢？朱老先生的话里就藏着答案。背诵是学习语文必不可少的功课，古今中外的名家，无一不在背诵记忆上下过苦功。背诵是激活脑域、开发记忆、提升修养的好方法。

背诵方法论

既然背诵在语文学习的过程中如此重要，为什么还有很多孩子不愿意背诵呢？对于没掌握方法的孩子来说，背诵确实是一件苦差事。但是背诵也是有方法、有“捷径”的，掌握了这些方法，你不仅不会觉得背诵难，反而会享受大脑不断接受新知识的充实过程。

加强朗读训练

有研究表明：大声朗读更有可能让人记住一些东西。说话和听自己说话的“双重动作”有助于大脑储存信息，使之成为长期记忆。这个过程被称为“生产效应”。加拿大的一个研究团队设计了一项实验，在这项实验中，44名讲法语的学生从计算机屏幕上阅读了一些单词，并被要求用4种不同的方式重复这些单词，包括默读、动嘴轻读、大声朗读以及给别人重复单词。实验结果表明，重复单词给别人带来了最高的语言记忆效果；相反，默读的效果最差。能产生这样的结果，我们不难理解。比起单纯调动视觉的默读，能够将视觉、声带、听觉3方面都调动起来的大声朗读的效果自然更好。古人云，“读书有三到——心到、眼到、口到”。在生活中，我们对于听到的内容会不自觉地进行分析和理解，朗读训练其实利用的就是我们的这种特性。朗读的时候，我们也在听自己说话的内容，并有意识或无意识地进行加工，这大大有益于背诵内容与思维的结合。

及时复习

前文我们也提到了，大脑记忆的3种模式是瞬间记忆、短时记忆和长时记忆。艾宾浩斯遗忘曲线告诉我们，遗忘是在学习之后立即开始的，而且遗忘的速度是不均匀的，最初的速度快，之后放缓。

时间间隔	记忆量
刚记完	100%
20分钟后	58.2%
1小时后	44.2%
8～9小时后	35.8%
1天后	33.7%
2天后	27.8%
6天后	25.4%

我们可以根据以上时间节点安排复习。遗忘是正常现象，我们不应该因此气馁，觉得背诵根本就是在做无用功。随着一遍一遍地重复，我们对于知识的印象会不断深化，理解也会更加到位。学习时，不断地

尝试回忆，可以使记忆中的错误得到纠正，遗漏得以弥补，将学习内容中的重难点记得更牢。闲暇时经常回忆过去学习的内容，也能避免遗忘。

这里有一个记忆时间规律，大家不妨尝试一下：10分钟→半天→1天→3天→1周→1个月→3个月。比如，背完一首诗10分钟之后最好尝试背诵一遍，然后过半天背一遍，第二天再背一遍，过3天、1周、1个月……相信通过这样的反复背诵，想忘记也很难。其实了解遗忘曲线也能够帮助我们合理分配期末有限的复习时间，如先复习自己掌握得最好的内容，把掌握得不好或者容易遗忘的内容放在后面复习。虽然长久来看学习不可走此捷径，但它对于期末救急非常有用。

分析语料内容和把握关键中心

人的记忆除了之前说的通过朗读训练能够增强的声音记忆以外，还有逻辑记忆和图像记忆。其中逻辑记忆是最轻松的，也是最迅速的。为什么呢？因为我们在运用逻辑记忆的时候，记忆的不是庞大的信息数据，而是规律，由自己已知的来推导未知。因此，我们在记忆逻辑性较强的材料时可以灵活运用逻辑记忆法。此时就需要我们对于语料的中心内容和核心词汇有所把握。我的方法是先速读一遍材料，大致了解其讲了什么；然后划分层次，自行总结并在旁边标注；每个层次逐句分析，遇到关键词或者中心语句就用荧光笔标注出来，在练习纸上形成一个由中心内容组成的思维导图，并以此为依据进行重复朗读训练——大声朗读3遍，不看书复述一遍，然后逐个抠字对照文本背3遍，最后合上书大声背诵一遍。

消除畏难心理

为什么我们会觉得背诵难呢？最主要的原因就是大家在背诵之前就已经产生了畏难心理，主观上觉得背诵是一件苦差事，背诵时也就愈发不情愿、愈加困难了。这其实是一种消极的心理暗示，一旦给某件事情加上了预设，自己的行为就会不自觉地倾向于“语言的自我实现”的方向。那么我们如何消除背诵的畏难心理呢？要吃大块的食物，我们都是先用刀将其切碎再入口，背诵也一样。对于那些篇幅较长的材料，我们可以根据自己的理解将其划分成几个较小的组成部分，再根据意思将每个组成部分划分出不同的句子群落，最后以每一个小句子为一次记忆的单位。这样看来，每次背诵的任务量不可谓不大。我们要知道，训练记忆力是一个慢功夫、细致活，只要你肯咬牙坚持，不出半个学期，你的记忆速度与理解力就会明显上升一个台阶。

关于记忆的建议

1. 充分调动想象力，构建画面，或找寻自己才能理解的联系。
2. 训练记忆力需要持之以恒，一旦开始，最好不要间断。
3. 比起文字，大脑更喜欢颜色。遇到烦琐的内容，可以用五颜六色的荧光笔标注。
4. 大脑需要劳逸结合，高度紧张地背诵20～30分钟之后应该休息10分钟，之后继续学习效果会更好（但是这10分钟最好不要做一些比背诵更有趣的事情，不然很有可能不想继续背诵了）。背诵的时候要专心致志，集中精力，只有排除外界的干扰，我们对知识的印象才会真正深刻。
5. 大脑在一天中是有活跃期和低谷期的，活跃期如上午9点至中午12点，下午3点至5点，晚上8点至10点。如果能够好好把握这些时间段，背诵可能达到事半功倍的效果。

总结

输入和输出作为信息加工过程的起点和终点，永远都是相辅相成的。在学习语文的过程中，如果没有足够的底蕴和积累，想要一挥而就、文采斐然是根本没有办法做到的。因此，要想有高质量的输出，必须有高质量的输入，所谓的“苦背”，从来都不是“笨法子”。

月下僧敲苦吟诵，攒珠存玉文始成
——养成推敲文字和积累语言素材的习惯

徐丽博

高考总分：627　语文：117

毕业于黑龙江省牡丹江市穆棱市第一中学

2018年考入北京大学外国语学院

内容导读

推敲文字其实是一件非常有趣味的事情，汉语词汇精炼且意蕴丰富，相近意思的字词数量很多，其微妙的差异又不容忽视。这种微妙的差异需要我们平时多多留心、多多揣摩、勤加体会。我们可以多做一些“在多种词语中选择能够准确表达不同情绪的最恰当的词语”的练习，或者在不同的情境中自觉地推敲用词。而积累语言素材更是语文学习非常重要的部分，积累好的语言材料能够提高我们的文学素养和增加知识底蕴，也能够让我们更好地理解语言表达的规律，从而形成自身学习语文的节奏。

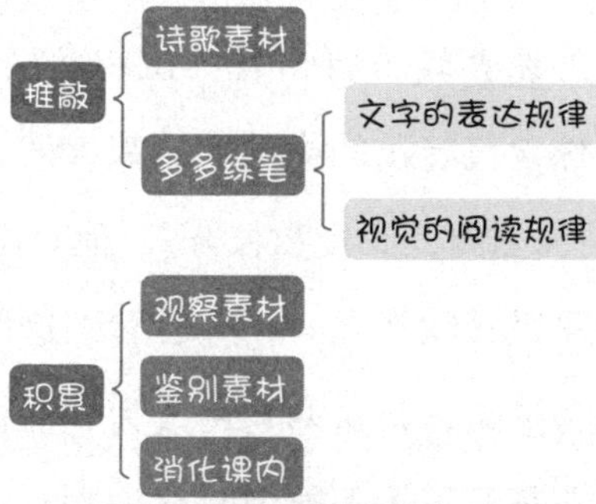

月下僧敲苦吟诵——推敲文字

由于格律诗的发展，古代人对揣摩字眼可谓做到了极致。格律诗对平仄、韵律和字数的要求，以及诗歌的表情达意的目的，使得诗人在创作的时候对每个字的使用都非常用心，力求意境、情感、音韵能够浑然一体又不显雕琢。《刘公嘉话》一书记载，唐代诗人贾岛在赴京路上兴至作诗，诗中有“鸟宿池边树，僧敲月下门”两句。贾岛犹豫于“推”“敲”之间，路遇韩愈。唐宋八大家之一的韩愈觉得“敲”字更好。我们来跟着韩愈的思路体会一下为什么“敲”比“推”更好：月夜作访，作为一位知礼节、有涵养的客人，即使到访之地门没有闩，也不能莽撞推门，敲门表明懂得礼貌；而且敲有声音，推没有声音，用“敲”字更能用“笃笃笃”的敲门声衬托出月夜的宁静；另外，“敲”是“ao”韵，推是“ui”韵，前者比后者开口的幅度大，读起来更加响亮。

无独有偶，唐朝有一位叫齐己的诗人。一年冬天，他在雪中发现了一株含苞吐蕊的梅花，诗兴大发，遂创作了一首《早梅》诗，诗中有“前村深雪里，昨夜数枝开”。他对这两句大为满意。但是他去拜访郑谷，把诗稿供其欣赏之时，郑谷看到这两句，却认为诗的意境不足。郑谷反复思考推敲，将这两句诗改为“前村深雪里，昨夜一枝开”——既然数枝梅花都开了，怎能说是早梅呢？一枝独秀才显得与众不同。郑谷的这一改，虽然只将“数”字改为“一”字，仅一字之改，却使《早梅》更贴合题意了，诗的意境也更完美了。不但古代诗人创作时勤于推敲，我们在阅读和写作的时候也应该乐于推敲、善于推敲。

诗歌是良好素材

诗歌就是我们推敲文字的良好素材。正如前文所说的，诗歌对形式美、内容美、意蕴美的三重要求，使得诗人在创作时字斟句酌，所以诗歌也是我们学会理解字词与情感对应关系的最好素材。下面我们通过例子来了解一下推敲诗歌的过程。

早过大通驿

夙雾才醒后，朝阳未吐间。
翠烟遥辨市，红树忽移湾。
风软一江水，云轻九子山。
画家浓淡意，斟酌在荆关。

这首诗是一位叫查慎行的清代诗人所作，其大意如下。

早雾刚刚散去，朝阳尚未升起。遥望青烟袅袅，市镇依稀可辨；朝霞映红树木，仿佛忽然移到了河湾。清风吹拂，江水泛起微微涟漪，像轻绸软缎在波动；九子山巅高出云表，仿佛“轻轻”浮在银色的海面。即便是荆关再世，要描画这山光水色，也得为笔墨浓淡费一番斟酌。

其中“风软一江水”一句就很有揣摩的趣味。“软”本来是形容词，这里是形容词的使动用法，“风使得江水柔软”，把风拟人化，写出了风的和煦与灵动。

动笔才能深入

都说“熟读唐诗三百首，不会作诗也会吟”，但事实上“熟吟唐诗三百首，不如动笔作一首”。经过大量语料输入与思考分析之后，我们需要的是动笔写作，在实践中计算用词和表意的得失。文字写作和阅读承载着作者表达和读者理解的双重过程，掌握好文字的表达规律和视觉的阅读规律尤为重要。

1. 文字的表达规律

我们在写文章的时候，文字是非常关键的。能够毫无赘余、准确无误地把自己的意思用文字表达出来，这非常考验一个人的语文功底。我认为，在写文章的时候，我们务必追求文章通顺、语言晓畅、意蕴生动。

文章通顺就是拒绝低级的语法错误。对于母语者来说，我们在写文章的时候，可能更多依赖的是语感而不是语法规律。这就容易导致我们的文章过于口语化或者出现语法层面的错误，如成分赘余、偷换主语等。所以我们在写完文章之后一定要通读全文，找到句子的主谓宾定状补，排除可能产生歧义或者表述不清的部分。

语言晓畅就是让人能够读得下去，读完感到通顺、自然、舒服，没有凝滞不通的地方，也就是语言要有逻辑，不能和整个文章割裂。这部分是最需要留心的。很多中学生回忆过去的文章，开头就是“光阴似箭、日月如梭”，或者“时间如同白驹过隙一般飞速流逝”，结尾就是

“好啦，以上就是 ×××，大家觉得怎么样呢？”，有时真的让人感觉味同嚼蜡。这样的万能开头和结尾一看就是不走心的，在打马虎眼。文章的语句都是为主题服务的，类似套词的“光阴似箭、日月如梭”开头，大可以换成暗示主旨的景物描写或者说理总结。结尾更不要问读者的意见——你不是专栏作者，所以应该在结尾表达自己的观点和想法。因此，想要语言晓畅，开头结尾是关键。开头决定了你的语言是否能够为读者所接受，结尾完成整篇文章的收束，决定了你的逻辑是否完整。开头结尾的逻辑理顺了，整篇文章的语言就会更有逻辑性。

意蕴生动就是文章的思想性与素材的趣味性相结合。我们来看下面一段文字。

> 无论是古代还是现代，都有因为嫉妒别人而做出陷害之举的人。但这种想法无疑是错误的，难道消灭了比自己厉害的人，就没有更厉害的人了吗？利用肮脏手段真的能成功吗？

填充了素材、进行了语言润色之后的文字如下。

> 古往今来，在激烈的社会竞争、稀缺的资源配置、有限的发展机会下，出现了不少嫉贤妒能、自私自利的人。战国时魏国相国公叔痤，向魏惠王举荐商鞅不成功时，企图除掉商鞅。难道消灭了比自己强大的人或对象，自己就一定能站在顶峰吗？

对比这两段文字，大家不难发现，第二段文字通过简练的语言与充满历史教训的素材，将第一段略显干瘪的主题支撑得丰满圆润，从而提高了文章的思想性和趣味性。

2. 视觉的阅读规律

不知道大家有没有看过一些质量并不是很好的翻译作品，在这些作品中，句子可能会出现长定语、短谓语的情况。这是因为译者过分贴合了对象国的语言。我们的大脑喜欢标签化、简洁化的东西。对于长定语，除非是某专业领域有阐明意思的必要，否则在我们的日常写作、传情达意中实在没有必要使用。也就是说，为了方便读者阅读，我们在写作的时候要尽量避免玄之又玄的多重长难句，减少不必要的大头定语，删去冗杂的目的状语、条件状语和结果状语，用尽量精简的语言承载更多的信息。

攒珠存玉文始成——积累语言素材

说完了推敲文字，我们再来讨论语言素材的积累。相信大多数学生在初中时都拥有摘抄小本子，若干年之后翻出来，看着那些矫情的文字酸得脚趾抠地、牙根发麻。但是！正是在这样的不断积累当中，你的文学鉴赏能力才会不断提高。所以不要害怕回头翻阅会感到尴尬，大胆地记录吧！之后的尴尬其实就是你的文学鉴赏能力提高的体现。

观察素材的能力

要想写好文章，离不开选材。随着互联网的发展和教辅资料的丰富，我们平时接触到的素材非常多。但是我们在写作的时候，并不是所有素材都适合被添加在文章当中的，那么面对海量的素材我们应该怎么办呢？首先就是学会观察素材的特点。素材分为很多种，如理论素材、时间素材、历史素材、时事素材等。看到素材首先要分析其中心内容，看看这个素材到底在讲什么，这样才能在以后需要运用的时候，迅速在脑海里回忆起或者在笔记中找到该素材。然后感受素材给你带来了哪种体验，是明快晓畅的还是沉郁顿挫的？是条理分明的还是充满朦胧美的？最后逐个分析素材的亮点。比如，这句话的某个词语用得非常贴切，你就可以把这个词语标红背诵；或者这段文字的说理框架你非常喜欢，那就通过列思维导图的方式把框架列出来然后分析理解。也就是说，我们看到素材，不能止步于感叹素材的精彩，而要从精彩的地方学习吸收到有价值的东西。

鉴别素材的能力

素材有好有坏，学会鉴别素材也是一门学问。平时积累的素材需要传达正确平和的价值观，传播不良思想的文字即使辞藻华丽也不能掩盖其主旨的低俗。在写文章的时候，除了需要鉴别素材是好是坏，还要看素材与文章是否协调。首先，要选取有利于说明主题的素材，素材最好直截了当，能够直接适用于文章说理或者表达中心，至于那些稀奇古怪、讲道理曲折回环的素材最好舍弃。其次，选择的素材最好具有趣味性，不仅要能很好地表达主题，也要能够把人带入文章当中，无趣老套的素材就不要选择了。再次，选择的素材要具有时代特征和文化特色，最好使用能够体现当今社会状况的案例和具有历史底蕴的案例。最后，要对素材概括提炼，再精彩的素材，能用三两句话概括就绝不多讲，寥寥数语包含深刻意蕴，才能叫人寻味深思。而且，案例应少用过于经典且常用的，如尽量少用“陶渊明采花”“司马迁受刑”等案例。

课内消化好，课外再加餐

我在研究高考作文的时候，经常会发现有不少优秀的作文，其所举的并不是黑格尔、卡夫卡、康德、弗洛伊德之类的课外艰深的案例，而是精致优雅地化用了苏轼、杜甫、王勃这些课内诗人的名句和事迹，我觉得这样非常好。这里给大家举一个例子。

> 当三闾大夫抱着石头与江水相拥，当西楚霸王自刎时的鲜血染红了整片夕阳，当普罗米修斯裸着身体被巨鹰啄食，当拉奥孔扭曲着身体仍想保卫自己的儿子，历史的悲风中发出阵阵悲鸣，但他们生命的结尾却那么响亮有力，数千年来仍叩击着人们的心灵。

4个案例中有3个都是出自课内的经典案例，作者用这种文学性极强的概括把课内素材化用得极其漂亮，表达了对那些明知不可为而为者的歌颂与崇敬。我们也可以从中学习到如何消化好课内的学习素材。

总结

月下僧敲苦吟诵，攒珠存玉文始成。学语文从来都不是一件痛苦的事情，只要沉下心绪、认真揣摩，相信你早晚能够体会到“苦吟诵”和“攒珠存玉”的乐趣。

厚积薄发
——养成写日记、勤思考的好习惯

李一野

高考总分：685 语文：135

毕业于内蒙古赤峰市林东一中

2012年考入清华大学电子工程系

内容导读

对很多初中生来说，语文是一门重点和难点学科，作为三大主科目之一，它在中考中占据着重要地位。而在一份中考语文试卷中，作文是分值最重的一个板块，也是对语文综合素质要求最高的一个板块，因此，要想提高语文成绩，写作能力的锻炼就格外重要。初中语文教学大纲仍然以记叙文为主，因此平时练习的主方向也是写好记叙文。作文的基础是素材和思路，素材来源于我们日常生活中的观察、领悟和积累。在本文中，我会从自己学习语文的心得体会出发，主要给同学们分享如何通过养成写日记的习惯来锻炼写作能力，并通过勤思考、爱质疑来不断锻炼自己的逻辑思维，从而提高作文的逻辑清晰程度和加升思想深度。

养成写日记的习惯

在初中学习的过程中，语文一直是我比较擅长的科目，其中对我来说相对轻松的是阅读部分，作文却是我相对薄弱的短板。古人云：“读书破万卷，下笔如有神。”尽管我平时比较喜欢读书，但并没有有效地转化为写作上的优势，究其原因，是因为平时在写作上的锻炼不够多，即在输出上的锻炼不足。而要想解决这个问题，养成写日记的习惯十分重要。

“工欲善其事，必先利其器”，要想养成写日记的好习惯，先要做好相应的准备工作。为了让我们每次动笔前不会受到外界因素的干扰，首先可以选择一个自己比较中意的日记本。在写日记的时间安排上也要注意，每天最好指定一段时间，例如睡前或者晨起后的一段时间雷打不动地用来写日记。在固定时间做固定的任务有助于更好地将习惯坚持下去。

同时，一个长期习惯的养成离不开正向反馈的建立，我们只有每次都将写日记作为一种乐趣而不是一件苦差，才能持续地写下去。怎样才能从写日记中获取正向反馈呢？首先要学会观察生活中的有趣之事并将其记录下来，其次可以将写日记这件事和我们期待的事挂钩。例如我们可以制订一个日记记录的计划，并列出相应的短期、中期和长期的目标，每次当我们完成一个阶段性的目标时就及时给自己一些奖励，以便让写日记这件事充满希望和乐趣。

写日记的常见误区

同学们在写日记时常常会遇到一些误区，最常见的是容易将我们的日常生活记录成流水账，将每日的日常琐事事无巨细地记录下来，并且缺乏提炼升华，这种日记读起来便索然无味。还有就是写日记缺乏持续性，“三天打鱼，两天晒网”，每次只能保持几分钟热度。

有些同学在坚持了一段时间的日记记录后回过头来阅读自己的日记，则会发现自己的文笔始终没有提高，记叙和思想深度方面始终在原地打转。这是因为缺乏有效的外部阅读输入和自我反思。以上这些问题都是同学们在写日记时会遇到的常见误区。

写日记的技巧和写作要点

怎样才能避免上面提到的写日记的常见误区呢？

下面为同学们介绍几点写日记的技巧和写作要点。

善于观察

首先，要善于观察。观察并洞悉生活中藏匿在纷繁复杂现象背后的规律是一件令人兴奋的事情，而善于观察生活并将其提炼升华的人无一不具有强烈的好奇心。我们小时候对万事万物都充满好奇，随着年龄的增长，却认为身边所有存在的事物都是那么理所当然，不再怀疑它们的合理性。我们中的大部分人都在慢慢失去好奇心，观察事物的兴趣也随之下降。而学会保持好奇心，对一些看似常见的现象深入观察，在观察中思考，将思考和观察有机结合起来对我们是至关重要的。

文学巨匠莫泊桑以《羊脂球》等一系列短篇小说闻名于世。莫泊桑的成功离不开其老师福楼拜的指导，福楼拜也以小说《包法利夫人》等作品中教科书式的写作而知名。那么福楼拜又是如何指导他这位学生的呢？有这样一个小故事：

莫泊桑曾拿着自己写好的文章到福楼拜家请求指导。他苦恼地说："老师，我已经读了很多书，为什么一到写文章时，总还是感到写人、记事、状物不够形象、不够生动呢？"福楼拜直截了当地说是莫泊桑的功夫还不到家，并让莫泊桑天天站在自家门口，仔细观察门前经过的马车，把每天看到的情况都详细地记录下来，而且要长期记录。

第二天，莫泊桑就照老师的话去做。他整整两天站在大门口，看门前来来往往的马车，但是什么名堂也没有看出来，于是又跑去请教老师福楼拜。他一进门就说："我观察了两天马车，没看出什么特殊的东西，那么单调，没有什么好写的。"

"不，不不！怎么能说没有什么东西好写呢？晴天马车是怎样走的？雨天又是怎样走的？上坡下坡时马车怎样走？还有在暴风雨中、在烈日下的赶车人的表情是什么样的？这一切你都能写清楚吗？你看看这还单调吗？"福楼拜滔滔不绝地说，一个接一个的问号，都在莫泊桑的脑海中打下了深刻的烙印。

从此，莫泊桑天天站在大门口，全神贯注地观察过往的马车。他从中获得了丰富的材料，写了一些作品。福楼拜认真地看了几篇，面露微笑地说："这些作品，表明你有了进步，但年轻人贵在坚持，你要永远记住，才气，就是长期坚持写的结果。对你所要写的东西，光仔细观察还不够，还要能发现别人没有发现和没有写过的特点。如果你要描写一堆篝火或一棵绿树，就要努力去发现它们和其他的篝火、其他的树木不同的地方。你发现了这些特点，还要善于把它们写下来。今后，当你走进一个工厂的时候，就可以描写出这个工厂的守门人，用画家的那种手法，把守门人的身材、姿态、面貌、衣着及全部精神、本质表现出来，让我看了以后，不至于同乡下农民、马车夫或任何其他守门人混同起来。而且你要用一句话，仅仅一句话，让我知道马车前站着的一匹马跟它前后左右的50多匹马是不同的。"正是福楼拜这样细心的教导，才成就了莫泊桑。

福楼拜教导莫泊桑写作的故事其实和我们常听的达·芬奇画鸡蛋的故事有着异曲同工之妙。无论是写作还是作画，高明的作者和画家都会对看似常见的现象进行认真仔细的观察，并从中发现与众不同之处，进行提炼和升华，最终让自己的作品产生"人人心中有，个个笔下无"的效果。观察和思考是艺术创作的基本功，也是我们写日记的至关重要之处。

厚积薄发

写日记对于我们来说一方面是锻炼观察力和提高文笔的重要方式，另一方面也帮助我们记录下日常生活中的所见所闻、所思所想，最终通过量变产生质变，让我们的写作跨越瓶颈，不断提高。

我们在写日记的时候还要注意构建清晰的思维脉络，让自己和读者在阅读的过程中都能有一条明确的逻辑线，而不是被淹没在大量的记叙性文字中不知所云。

之前提到，有些同学在坚持记录了一段时间的日记后回过头来阅读自己的日记，会发现自己的文笔始终没有提高，记叙和思想深度方面始终在原地打转。为了解决这样的问题，首先要学会借鉴，增加自己的阅读量，广泛涉猎，从其他好的作品中汲取营养，学习记叙的不同方式和论述的不同思路。其次，要建立定时复盘的好习惯，每隔一段时间回顾自己的日记，思考同样一件事可以如何更好地形容和表达，在文笔上是否有可以优化的地方，通过反思来不断提高自己的写作水平，同时学会通过独立思考来深化自己的思维深度。

独立思考、勇于质疑的重要性

记忆是思考的残留。哪怕再大的图书馆，如果它藏书丰富却杂乱无章，其实际用处就反不如那些规模虽小却条理井然的图书馆。同样，如果一个人拥有大量的知识，却未经过自己头脑的独立思考并加以吸收，而另一个人虽所知不多却经过认真思考并加以吸收，那么后者拥有的知识就更有价值。因为，只有当一个人把他的所知结合各方面来考查，把每一点知识相互比照之后，他才能真正理解、掌握这些知识，并使其为己所用。一个人只能对自己知道的事情加以仔细思考，因此他必须要学习新的东西；但是，也只有那些经过仔细思考的东西才能成为他的真知。

我们无论是在写日记还是在处理日常生活中的其他事情时，学会独立思考、不人云亦云都是非常重要的。学会通过细致的观察看到深层次的问题，勇于提出自己的观点和疑问，才能让我们的文字具有深度，从而在千篇一律的记叙文字中独具一格。

培养勤思考、爱质疑的好习惯

那么，我们如何培养勤思考、爱质疑的好习惯呢？首先，要掌握基础的深度思考的方法论。如果说思考有深度是我们的目的地，那么思考方法论就相当于我们的交通工具，我们从起点出发，能否快速抵达目的地取决于我们交通工具的先进性。思考方法论有很多，常见的如“5W1H”原则：在思考一个问题时先问自己What、Why、When、Where、Who和How，进而组织起我们对某件事物的全面认知，从现象看到本质。

在这个信息发达的社会，各种素材和知识唾手可得，大量不同的观点和信息通过媒体、朋友圈、短视频进入我们的大脑，但是我们却常常被浩如烟海的信息所淹没，被桎梏在信息时代的“信息茧房”中，离真理越来越远。那么如何才能破除桎梏呢？所谓实践出真知，南宋诗人陆游晚年写诗教育他的儿子“纸上得来终觉浅，绝知此事要躬行”。很多从书本上得来的知识和道理如果不经过亲身实践，是不能够深刻理解其中的道理的。我们在阅读时通过深度思考提炼出要点和自己的问题，再在实践中进行检验得出结论，在这一过程中，我们可以提高辨识能力和扩展思维深度。

其次，在阅读或学习的过程中，我们还要始终拥有一种“较真”的精神。这种探求事物本质的精神十分重要，当我们接触到某种观点时，先不要忙着肯定或否定，不妨先自问一下：这种观点是在什么地方看到的？这种观点是什么人提出的？这种观点是什么时间提出的？这种观点有什么证据能证明？业内人士如何看待这种观点？问了以上几个问题后我们再来辩证地看待相应的观点，就能避免“一叶障目，不见泰山”或者对权威人士的任何观点全盘接受，缺乏自己的独立思考。

最后，还想和大家分享的一点是要学会刻意练习输入和输出。要想提高我们的阅读能力和表达能力，就要有意识地练习输入和输出，比如刻意“啃”一些有难度、有深度、有质量的书籍，不断地提升个人的眼界和格局。盲目地阅读大量质量一般的书，不如静下心来读一本好书。有输入就要有输出，写作就是最好的输出手段，比如我们之前提到的写日记，就可以有效地锻炼大脑的思考与逻辑能力。刚开始锻炼的同学会遇到一定的困难，但做任何事情都要循环递进地练习，过程中最重要的原则就是说清楚一件事情。随着练习量的不断增加和能力的不断提升，我们会觉得越来越得心应手。

总结

在本文的结尾，想要和大家分享胡适先生在《赠与今年的大学毕业生》中的一句赠语“功不唐捐”。“佛典里有一句话：‘福不唐捐。’唐捐就是白白的丢了。我们也应该说：‘功不唐捐！’没有一点努力是会白白的丢了的。在我们看不见想不到的时候，在我们看不见想不到的方

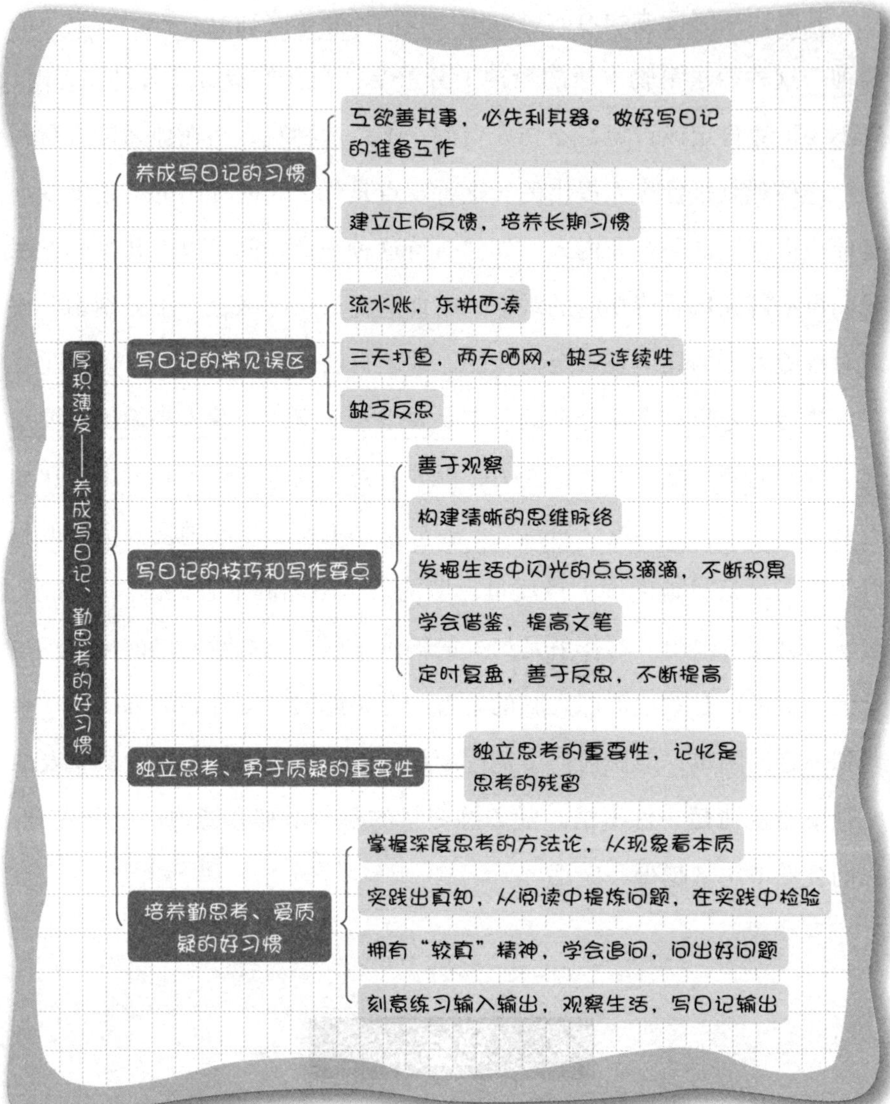

向，你瞧！你下的种子早已生根发叶开花结果了！……朋友们，在你最悲观最失望的时候，那正是你必须鼓起坚强的信心的时候。你要深信：天下没有白费的努力。成功不必在我，而功力必不唐捐。”

所谓“耳聪”，即为倾听
——把握黄金时间，提高效率

王　辰

高考总分：677　语文：131

毕业于淮阳第一高级中学

2017年考入清华大学经济管理学院

内容导读

初中的知识体系相对复杂、全面，同学们刚进入中学，在忙于接受知识的过程中，往往忽视了倾听的重要性。从初中开始养成认真倾听的好习惯，对整个中学阶段的学习有极大的好处。倾听也是与人交往的一种智慧，对同学们以后的为人处事、待人接物都很重要。在这篇文章中，我将结合自己的学习经验和大家分享学会倾听的重要性，以及如何倾听。学习不仅要讲求勤奋，而且更应讲究方法，高效率学习一定是科学的学习方法的产物。养成专注听他人说话的习惯，才能把握黄金时间，高效率做事。在课堂上有效听课，既是锻炼倾听能力的最佳时机，也是促成我们不断提高学习效率、凝聚自信心和锻炼交流沟通智慧的最佳方式。希望同学们在学习完本文后能在课堂上控制自己不走神、不分心，养成耐心、专注的好习惯。

专注听他人说话

倾听的重要性

“听”“倾听”一字之差，意思却相差甚远。如下图所示，“倾听”并非单纯地听对方讲话，更需要用心聆听对方讲的话，体会对方的感受。也可以说，“倾听”是“主动地听、积极地听”。

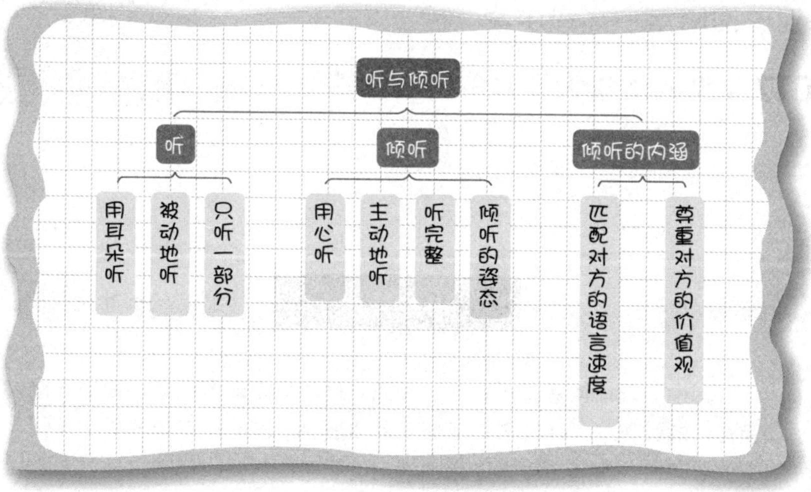

我之前在书里看到过一些关于倾听的叙述，并且周围的人乃至新闻媒体也都在讨论倾听的重要性，强调生活中要注重倾听。我感觉自己在这一点上做得还挺好的，因为我是朋友们的“安慰剂”，她们有什么心里话一般都会跟我说。在一次和朋友聊天的过程中，她问我最近有什么心得可以分享，我说：“我最近感觉，其实每天坚持阅读一小时并不像之前想象的那么难，其实我是可以做到的。”然后她告诉我自己好久都没有静下来读书了。听到她这样说，我感觉到她有一点愧疚感，为自

己没有静下心来好好读书而愧疚。于是我立刻说："没事，照着你自己的目标来就行了，只要目前做的事跟你的目标是一致的，就没问题。"她立刻就笑着说："好的。"在这次对话中，我感觉自己提前体会到了她的情绪，并在她还未说出口的时候就对她的负面情绪给予了适当的抚慰。这是我第一次真切地感受到倾听的力量，并且领悟到原来倾听有这么神奇的效用。倾听不是指单纯明白对方的字面意思，而是要听出对方话语里的言外之意，话里所暗含的情绪，如担忧、愧疚、害怕等，然后对对方的这些情绪给予恰当的回应。

如何倾听

1. 倾听前准备

为保证倾听的有效性，应与对方建立信任关系，选择和营造良好的倾听环境，保证足够的沟通时间，保持虚心、平和的情绪状态及正确的态度。

2. 注意力集中

集中注意力、保持良好的精神状态是倾听的基本要求。要善于体察通过对方的神态、姿势以及声调、语气等非语言符号传递的信息，全面准确地把握对方话语中的真实意义和要点。

3. 反应积极

倾听时，应根据话语情景，通过微笑、点头、应答、插入提问等方式，对对方输出的信息内容做出积极反应，与对方形成心理和行为上的默契，以达到良好的沟通效果。

4. 既要善于倾听言语中的基本信息和中心意思，又要善于倾听弦外之音

言语中的基本信息和中心意思描述的主要事件是什么？表达了什么样的欲望和需求？代表了什么样的思想状态和情绪？对于这些问题，我们要善于从对方的话语层次、手势、体态、情绪流露中抓住要点；还要善于倾听言语背后隐藏的内容和情感，了解对方的真实想法和感觉，真正明白其意图。

5. 不要轻易打断对方讲话

在倾听时，应该认真地听完对方讲话并正确领会其真实意图。如果没有听明白，或想进一步了解情况，或想提出不同的意见，应该等对方把话讲完后再插话，而且应使用礼貌的语言，如“请允许我打断一下”“请让我提个问题，好吗”等。

6. 不要轻易得出结论

不要打断对方并急于发表自己的观点或下结论，不要当场批评对方的观点，更不要和对方争辩。

7. 倾听的回顾与反思

回顾倾听前的准备、倾听过程中技巧的运用，整理记录相关信息，验证倾听结果与对方真实意图及观点的一致性，反思自己在倾听过程中哪些方面做得较好，哪些方面必须改进，哪些方面必须进一步提高等。

课堂上的有效“倾听”

“读书不觉已春深，一寸光阴一寸金。不是道人来引笑，周情孔思正追寻。”这是唐代诗人王贞白在今江西庐山五老峰下白鹿洞中读书时写的诗句。诗人读书入神，每天都过得紧张而充实，全然忘记了时间。春天快过完了，竟还是诗人不经意中发现的。借由此诗，王贞白告诉我们要惜时如金、潜心求知。时间是“无偿”的财富，且每个人都拥有相同的份额。时间是每个人确实能够拥有的最为宝贵的东西之一。时间是无可替代且一去不复返的，不能随意糟蹋或浪费，而我们在课堂上的时间更是弥足珍贵。学习不仅要讲求勤奋，更应讲究方法，高效率的学习一定是科学的学习方法的产物。达尔文说：“一切知识中最有价值的是关于学习方法的知识。”知识经济时代需要能够高效学习的人才；不会学习的人，终将被知识经济时代的大浪淘汰。对于处在基础学习阶段的我们来说，最重要的不是已经学会了多少知识，而是我们必须掌握适合自己的高效的学习方法。把握课堂时间是我们学习知识的第一要诀。

课堂是学习的黄金时间，也是老师答疑、解惑、传道的第一阵地。老师以课本为基础，讲解的内容无论在深度上还是在广度上都超过了教材本身，听好了，事半功倍。不知你是否注意到：每节课开始时，老师总要拿出几分钟的时间，将上节课讲的主要内容强调一下。当然强调的方法比较灵活，有时是老师自述，有时用提问的形式考查，这些或自述或提问考查的内容就是老师讲课的重点。这时，我总是格外注意听，以期从中找出自己上节课学习中的漏洞并及时补上。上课时，我们需格外注意老师多次提及、反复强调的内容，它们就是重点或难点。老师刻意（如突然提高音量，或敲桌子、黑板等）提醒要注意的，那就意味这是容易出错的地方，这些内容是需要我们认真去听的。老师在强调重点时，总会提高音量或将语调降低，有时老师会说：“要记得的一件事就是……”，或者用其他的词语来表示他对这一内容的重视。有时他可能将主要项目和概念用稍微不同的字眼重说一遍，或者在一个特别重要的地方稍停一下，或者讲得更慢些。只要遇到老师用“一、二、三”的方式列举内容的时候，这就是要点了。

听课要有所侧重，听重点，听难点，听自己不会的，听扩充的知识，听自己认为有用的东西。只有这样，听课才能有收获。有时老师讲概念、定义等，都要通过许多具体的例子去分析、讲解。任何结论的得出都有依据，都不是凭空得出的。先听老师怎样把一些抽象的概念具体化，再去弄懂每个概念的来龙去脉，理解每个例题或具体例子的含义，从这些具体的例子中理解那些难懂的、抽象的概念，反复去推演。我们班甚至有推演公式到废寝忘食也要把概念搞清楚的“真学霸”，当然，我相信他对于这些概念知识的掌握已经远远超出普通学生所能理解的范围了。

学会听课的同时还要学会记笔记。“记笔记”——最为重要的是记录“关键词”，这样最简明清爽，工作量小，效果最佳。曾经有学妹给我留言说，她在上课的时候低头捡了支笔，这节课就再也跟不上了。确实，我们在课堂上一边要听老师讲课，一边要记笔记，有时候忙得焦头烂额，一不留神，老师讲的内容就错过了。归根结底，这并不是因为老师讲的内容太多，而是因为我们记笔记的内容太过于冗余。同学们一定要搞清楚一件事情，就是我们的课堂笔记要记哪些内容。课堂笔记概括起来有3类：第一类是老师在课本之外补充的知识；第二类是老师做的总结性和概括性的内容，包括一些口诀性和规律性的内容；第三类就是老师提示的易错点、难点还有常考点。对于课本上已经有的知识，哪怕它再重要，也没有必要在课堂笔记上重新抄一遍，我们只需要记一个关键词或者名字就可以了。我在这里举一个例子，教大家如何提取关键词。

> 科学家在喀斯特地貌的研究中，发现了一个复杂的碳链式反应。当水流从空气中“大口吮吸”二氧化碳并侵蚀石灰岩时，持续不断的吸碳过程就开始了。接着，在岩石表面自由流淌的酸性水流携带着大量碳酸氢根，随着自然界的水循环辗转奔向江河湖海。此时，浮游植物体内的“食物加工厂”在急切地“找米下锅”，它们惊喜地发现，只要分泌一种叫作“碳酸酐酶”的催化剂，对水中的碳酸氢根“略施魔法”，等待加工的“米”——二氧化碳，就唾手可得。最终，光合作用将大量随波逆流的碳转化成有机碳，封存于水生生物体内。

首先，通读全部文字，这段文字总共5句话，第一句话讲科学家发现复杂的碳链式反应；第二句话讲吸碳过程开始；第三句话讲碳酸氢根被带入江河湖海；第四句话讲浮游植物体内的“魔法”；第五句话讲碳转化成有机碳被封存。

其次，梳理出其大意：喀斯特地貌—碳链式反应—吸碳—施“魔法”—光合作用—转化成有机碳封存。

那么，这段文字到底要告诉我们什么信息呢？通过分析排查，我们可以发现，这里主要讲的是“碳链式反应”，而在这个反应过程中，最重要的几步就是吸碳、催化剂对碳酸氢根发生化学反应、光合作用。

所以我们可以提取关键词：碳链式反应、吸碳、转化。

善于“倾听”，事半功倍

一个教室几十名同学，大家听着同样的老师讲授同样的课程，甚至做着同样的辅导资料和模拟试卷，为什么考试结束后成绩单上有人拿第一名，有的人却是倒数呢？其中的差距都可以归结为一个词——效率。我觉得对新知识的吸收理解是学习中的关键，所以课堂便成了重中之重。回忆起初中时，身边很多阿姨都对我妈妈羡慕不已，夸我经常跑着玩，好像都没有怎么学习，成绩还依然很稳定。每次妈妈这么告诉我的时候我虽然高兴，但是心里明白自己并不是只玩不学就能拿到好成绩的，因为世上不存在不努力就能成功的天才，我之所以能做到如此是因为学习效率高。既然一定要花费45分钟上课，那为什么不让这45分钟的效用最大化呢？所以课堂上是我最专注的时候，我聚精会神地听着老师讲的每句话，吸收知识的同时也会自己进行思考。如果有疑问或者不解，便随即在课本的相应地方简单做上标志，课下再仔细思考。课程结束以后，我不会立刻合上课本跑出去玩，而是花3分钟时间迅速回顾一下这节课老师都讲了什么。回顾不需要太细，关键在于总结和梳理，养成这个习惯以后便能渐渐形成知识体系。经过3分钟的短暂梳理，我会重新翻开课本，仔细思考课堂上的遗留问题，如果自己不能解决，便记在小本子上去请教老师。看上去同样是上一节课，但是当我合上课本的时候，我很清楚自己比身边上课走神说笑的同桌收获多得不止一点。在课堂通透理解的基础上，我做习题作业自然也就比不认真上课的同学快很多，省出来的时间也就可以做更多习题。这就是善于倾听、抓住黄金时间的好处所在，它不需要你额外付出很多时间，更不需要你熬夜，但是却能让你达到事半功倍的效果。

从初中开始就养成认真倾听的好习惯，对同学们整个中学阶段的学习有极大的好处；倾听也是一种与人交往的智慧，对同学们以后的为人处事、待人接物都很重要。作为学生，谁能够高效地管理时间，科学地利用时间，抓住时间的脉搏，谁就能获得学业上的成功。“盛年不重来，一日难再晨”，希望大家砥砺前行，方得始终！

02 学习方法篇

成功＝刻苦努力＋方法正确。

正确的方法是成功的要素之一，

如果只有刻苦努力的精神和脚踏实地的作风

而没有正确的方法，

是不大可能真正成功的。

字词标点如何用？这样做轻松搞定

杜嘉仪

高考总分：695 语文：115

毕业于浙江省镇海中学

2018年考入北京大学化学与分子工程学院

内容导读

字词题和标点题是语文考试中必不可少的基础题，通常以选择题的形式出现在试卷的前两题中，往往给基础不扎实的同学造成极大的困扰。然而想要轻松应对此类题目，除了夯实基础以外少有捷径可走，抱着侥幸心理或依赖虚无缥缈的运气总归心里不踏实。然而关于字词和标点的知识数不胜数，让人不知该从何下手，如何记背才能不至于辛苦了半天却依然记不清楚的问题也困扰着不少同学。在这篇文章里，我主要介绍背诵基础知识的着手点和各种技巧，希望对你的学习有所帮助。

基础字词

基础字词分为字音和字形两部分，在题目中有时分开考查，有时结合考查。不过考查方式总是万年不变的三对一错或三错一对，需要积累大量的字词的正确用法以培养出一双“火眼金睛”。

基础知识记背

1. 用好现成资料，分门别类记背

刚开始记背基础字词的时候，不能确定的字音和字形浩如烟海，每学一篇新课文就会积攒下一大堆。于是笔记零零碎碎记了好多，却都毫无关联地散作一团，即便死记硬背塞进了脑子里，除了能应付老师要求的默写，根本无法做到融会贯通、举一反三。同一个字，如果在考试中遇到不同的搭配，就又想不起来它“姓甚名谁”了。

这就是我在中学时期常常遇到的窘境，相信不少同学会有共鸣，觉得这些基础字词零碎烦琐，如一团乱麻，让人理不清头绪。那么在积累量不足的情况下，除了专注于眼前的“一亩三分地”，我们还能怎么做呢？总不能“一拍脑袋”就去背字典吧？虽然确实有能人会背字典，但其实大多没有这个必要，找一本好用的教辅资料就足够了。

不同地区、不同学校对教辅资料的态度各异，但归根结底这只是一种辅助学习的课外资料罢了，只要能为更轻松有效地学习助上一臂之力，虽不必奉为圭臬，也可参考一二。语文教辅资料大同小异，只要是靠谱的最新版教辅资料，基本都会包含基础字音、字形的归纳整理，比

如易错读音、多音字、易混字形、生僻字整理等。把同类型的字词放在一起，将容易搞混的字词对比着记忆，自然比零散而毫无规律的填鸭式背诵要容易得多。

2. 记少不记多，灵活利用规律

这在多音字的记背上尤其重要，因为多音字总是有一个读音相对常见，而另一个读音则局限于几个特殊词。这时候就没有必要把两种读音对应的词语都面面俱到地记下来，只需要记住较少的那一个读音及其用法，甚至只记住其中经典的几个常用词语就足够了。

多音字“壳”，有“ké”和“qiào”两个读音。显然前者在生活中更为常见，而后者则较少使用，那么记住读作“qiào”的4个常用词语就够了，分别是“地壳”“甲壳”“躯壳”“金蝉脱壳”。可以想象一幅图画，按从下到上的顺序把它们串记起来：脚下的地壳，地上的甲壳，再往上是自己的躯壳，头顶则有金蝉脱壳。这样很快就把多音字“壳”的用法给记住了。

3. 理解意思，寻根溯源

为了更好地进行日常交流，人类的大脑经常会发挥联想能力从而忽略错误，然而这种容错机制在辨别字形正误时就会给我们带来极大的不便。举几个例子，“陈词烂调”“哀声叹气”“穿流不息”“按步就班”“阴谋鬼计”……看着似乎没什么问题，但它们实际上应该写作“陈词滥调”“唉声叹气”“川流不息”“按部就班”“阴谋诡计”。如果字形错误不影响对词语本身意思的理解，它就很容易被大脑得过且过地忽视。所以不论是在记背还是在辨析的时候，都应该根据词语本身的意思，寻根溯源地理解字义，这样才不至于忽视错误。

且看“陈词滥调”一词，“陈”是指陈旧、陈腐，“滥”则是指空泛，可以用“泛滥”一词来记。因此，它的意思并非“老掉牙的、被说烂了的话”，而是指陈旧空泛的言论。

再看“川流不息”，它的意思是河水流个不停，而非一直有东西穿过来、流过去。

其他词语也可以通过类似的方法进行辨析，总之最关键的一点是要记住，虽然偶有例外，但大多数词语的字形都是从它的用法和意思脱胎而来的。因此从意思入手，会比单纯地死记硬背更有利于记忆，并且一旦记住就不容易忘却。

4. 日常操练，不吝较真

或许不少同学对字词题依然有误解，觉得难倒自己的不过是一些使用频率极低的生僻字而已。那么不妨做个简单的小测试：请问我们在这里讲的是“字形”还是“字型”呢？

应该会有一部分同学被难住，因为我一开始也没有注意到这个问题，是在较真后才知道，“字形”是相对“字义”而言的，指字的形体；而“字型”则是字的结构类型，如上下结构、半包围结构等。

很多容易读错、写错的字其实就存在于我们的日常生活中，甚至是每天都在叫的同学的名字，都指不定会被读错。比如我有一个高中同学，其名字的最后一个字是“蕾”，我念了3年“léi”，最后才知道原来是念“lěi”，可不是让人啼笑皆非吗？

所以字音、字形的分辨记忆不应仅停留在文本，而要在日常生活中培养这种敏锐度，对每一处不确定都要像做题一样暗暗较真（但也应注意社交礼仪，不要不合时宜地纠错）。日积月累下来，那些平时容易读错、写错的字就不会影响你记背，甚至在考试中让你猝不及防了。

实战做题方法

1. 排除法

一道字词选择题一般包含16个词语，挨个看不仅浪费时间，而且会分散精力。更好的方法是先粗略扫一眼题目，找出自己背过的熟悉词语，快速判断出对错，从而用排除法先筛选掉部分选项，以大大减少判断的工作量。

2. 替代法

前面说过，大脑的容错机制常常会让我们忽略掉看似合理的错误，导致找不出错误选项。这时不妨代入一些相近的字音字形，判断替代后的结果是否比原选项更合理，从而拓展思路、激活记忆。哪怕是不熟悉的词语，也可以用这种根据词义寻根溯源，从而判断正误的方法。

3. 揣摩出题人的意图

实在到了万不得已的地步，有策略地猜答案也比纯靠运气地掷骰子要来得更为可靠些。想象一下如果你是出题人，会如何设置题目？一方面有全面考查的考量，另一方面则会从学生的易错点入手。

前者意味着同一类型的错误（多音字、生僻字、前后鼻音等）不太可能重

复出现，后者则意味着我们需要摒弃日常误读的习惯，如“读字读半边”这种惯性思维。而过于生僻的字音字形则不太可能是考核目标，出题人一般不会在这种地方为难学生。

我们来看下面这道题目。

下面注音全部正确的一项是（　　）

A. 嗜好（hào）　　破绽（dìng）
　迸流（bàng）　　随声附和（hà）
B. 惬意（xiá）　　澎湃（bài）
　赫然（hè）　　泰然处之（chǔ）
C. 绮丽（qǐ）　　贮藏（zhù）
　枢纽（qū）　　茅塞顿开（sāi）
D. 肇事（zhào）　　歹徒（dǎi）
　荡涤（dí）　　鲜为人道（xiǎn）

这是很简单的一道题，答案是D。我们首先用排除法，显然A的“随声附和（hà）”是错的。接着如果别的都不确定，用替代法看看C的“茅塞顿开（sāi）”，“塞”是个多音字，另一种读法为“sè”。联想到常说的“堵塞（sè）”似乎比“塞（sāi）子”更接近此处词义，所以排除C。接着揣摩一下出题人的意图，发现B中“澎湃（bài）”就利用了“读字读半边”的思维误区，而实际上应该读“pài”，所以B也错误。故答案是D。

当然，这道题中的错误很多，可以用各种不同的方法得出答案，此处不再讲述。

标点

相比于字词，大多数同学对标点的规范用法会更陌生些，都是凭借感觉在使用标点，况且日常写作中涉及的也只是一些简单用法。所以要做对标点题，还是得从基础概念入手，再训练做题思路。

基础知识记背

和字词模块一样，想要快速掌握标点的基础知识，我同样建议利用好教辅资料，从每个标点的定义和用法看起，纠正原有的思维惯性，从而迈出正确使用标点的第一步。

在记忆的过程中，不妨挑选一些典型例句进行背诵。比如用“你到过上海吗，小刘？”来记忆问号要放在问句末尾的称呼之后，毕竟标点不能脱离句子单独存在，所以它总是和具体用法联系在一起。用典型例句进行记忆不仅速度更快，还能让你的理解更为直观深刻。

另一个记背重点在于分辨相近和易错用法。比如书名号能用于标示书名，却不能用于标示丛书和专栏名。如“当代文坛大家文库”，这是一套丛书而非某本书的具体名称。这种标点的易错用法既是考试重点，也是记忆难点，需要同学们投入足够的精力去分辨记背。

实战做题方法

第一步同样使用排除法，找出明显错误以缩小范围。接着面对不确定的答案，我们需要细心分析句子结构，找出各部分的地位和逻辑关系——是主谓宾还是修饰？是承接关系还是并列关系？——接着再从句子结构需求出发倒推此处需要的标点符号，从而判断选项是否正确。

另外还需要积累一些经典题型，对容易出错的标点要有足够的敏感度，即看到它就要提高警惕，有针对性地去判断正误。

我们以下面这道题目为例。

下列各句中，标点符号的使用合乎规范的一项是（　　）

A.他对杜小康说："明年春天之前就回家，柳树还没发芽的时候就回家……"他甚至向儿子保证，"我要让你读书，无忧无虑地读书……"。

B.读了拜伦的诗，就想到西班牙去，想看看西班牙女郎的头发是黑的，还是金黄的？

C. 2011年上半年，全国质监系统对乳制品、粮油、酒类、饮料等重点食品，不断加大执法打假工作力度。

D.为了对演出市场及演员进行规范管理，文化部近日发布了"演员个人营业演出活动管理暂行办法"。

首先，A的引号结尾处显然多出了一个句号，排除。接着看B中的问号，C中的顿号和D中的引号，都是易出错的标点，需要依次进行判断。B中"西班牙女郎的头发是黑的，还是金黄的？"虽然是个问句，但它作为"想看看"的宾语成分，整体构成一个陈述句，故此处不应用问号。D中的"暂行办法"属于法律法规，应该使用书名号，故错误。而C中顿号隔开的是并列词，使用正确。故答案是C。

总结

前文分别对基础字词题及标点题进行了分析，下面从题目视角出发总结一下解题思路。

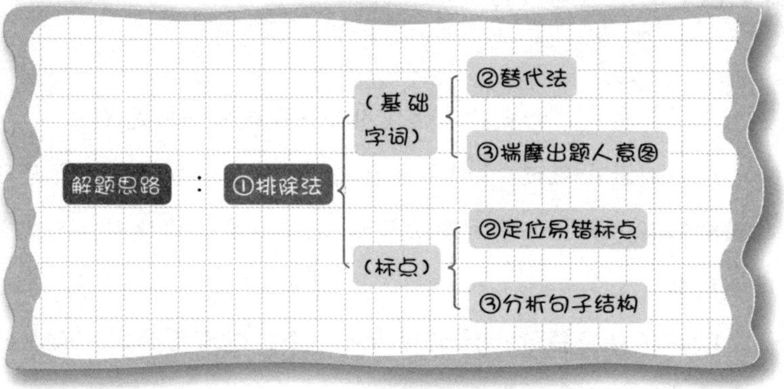

虽说以上讲的都是应试技巧，但作为一个土生土长的中国人，认对字、读对音、写通顺句子、用正确标点，都是学习语文的最基本的目标和要求。即便没有分数作为考核标准，每天的日常交流和书信来往也都在考查我们的基本语文素养。尤其是在某些重要场合，读错、写错字着实是一件令人尴尬的事。所以希望大家能重视对基础知识的记背，摒弃“几分而已，得背那么多，得不偿失”的“功利”心理，不做“读字读半边，提笔就忘字”的假文盲。

淡妆浓抹总相宜
——初中语文学习方法：语句和修辞

王 辰

高考总分：677 语文：131

毕业于淮阳第一高级中学

2017年考入清华大学经济管理学院

内容导读

众所周知，对修辞手法的考查是中考必考的内容之一。初中时，我对于修辞手法仍然是一知半解，这让我在语文考试中遇到了不少困难。后来通过反复阅读和训练，我基本掌握了各种常见的修辞手法。修辞手法虽然有很多种，但是，只要我们善于把握各种修辞手法的特点，就不难掌握。我们可以通过积累和比较来把握它们的共性和特性，在练习中刻意地综合运用多种修辞手法。对运用了修辞手法的语言片段，我们要能分析出运用了哪种修辞手法。从反面讲，要能纠正修辞手法运用中存在的错误，这样正反结合，就能不断提高运用修辞手法的水平。

心有山河纵横，自有高低之分——积累语句的方法

我以为如果要真正掌握语句和修辞手法，首先要多读书，读各种类型的书，这样你心中自有高低之分；其次要了解修辞手法，知道什么样的修辞手法具体是什么样的；最后具体练习某种修辞手法的运用，这些内容在语文教学中应当是常见的。你可以把这些经典的句子记下来，或者摘抄一些运用了修辞手法的语段。“见山是山，见水是水”之后，你要忘记“修辞”，做到自然而然地把你的感情、想象、场景代入，而不必刻意追求。一开始尝试时可能很难，但随着长时间的练习和内涵的增加，这是自然可成的。

广阅读

苏霍姆林斯基认为，对于一个善于思考的学生来说，他在脑力劳动上所花的时间，大约有1/3是用在阅读教科书上，而2/3是用在阅读非必修的书籍上面的。因此，要积极开拓思维，进行课外阅读，读得有法，读得有趣，读得有效。我们在阅读的过程中要善于发现美的语言，如果脑海中没有修饰的概念，死板的语言肯定不会获得太高的分数。通过长时间的阅读，我们会不自觉地在语言中加入各种修辞手法。语言有了风采，那么文章必然会上升一个档次，这样还怕语文得不到高分吗？我感觉我的初中语文学得相对较好，很大一部分原因是我在小学的时候看了很多中外名著。小学的时候我什么书都看，尤其喜欢曹文轩，买了十几本他的书。他的书对我影响很大，首先是他的文字，很干净很温柔；其

次是他的写法和文风朴实，在我阅读的时候，那些语句和用法对我产生了潜移默化的影响。名著能成为名著，自然有它的道理。我记得以前看《简·爱》《欧也妮·葛朗台》《羊脂球》等书的时候，其实不怎么看得懂，囫囵吞枣便权当是看过了。不过我当时也不奢求完全看得懂，收获一份心境就够了。但作为初中生，我们已经可以开始读一些有文化内涵的书籍了，我强烈推荐张岱的《陶庵梦忆》和王国维的《人间词话》，看这些书是真的能陶冶情操。

勤积累

荀子云："不积跬步，无以至千里；不积小流，无以成江海。"积累是成功的必经之路，正所谓厚积薄发，前期积累越浓厚，后期成功越甘甜。前期讲究勤，勤奋之后才能熟，熟练之后才能巧，灵巧之后才能妙。那么我们应该积累些什么呢？一是积累具有典型代表性的例句。清楚修辞手法有哪几种后，可以分别举一个例子来辅助自己记忆，并且把它的常见考点记在旁边。二是积累答题技巧，平时多总结或者多收集。如赏析句子，可以从修辞手法、描写方法、用词等角度去思考。对于比喻的修辞手法，其答题技巧可以是：运用了比喻的修辞手法，把……比作……，生动形象地写出了……的……特点，表达了……的感情。

善模仿

人类能借助模仿而飞快地学习。刚开始的所谓临摹，可以以记结构为主，犹如"偷学"了几招花拳绣腿。当然，临摹"结构"学的是招式，“偷”的是初级功法；临摹“构思”和“角度”，学的是配方，“偷”的是中级功法；临摹“思维方式”，学的是精髓，“偷”的是高级功法。语文中的修辞手法就像是穿在人身上的一件华丽的衣服。不论此人面貌多美好，内涵多丰富，倘若给了他一件乞丐的衣服，也很难给人留下很好的第一印象，原因无关以貌取人。修辞手法也一样，它的运用能给人耳目一新的感觉。不管是在生活中还是在语文写作中，正确使用修辞手法，能让人眼前立即呈现出鲜活的场景或画面，为你的语言增色不少。所以，我们要善于模仿那些使用了修辞手法的语句，勤加练习，如此反复，妙法可得。

掌握修辞手法的技巧

修辞手法的题型主要是选择题。我们在解答修辞手法题目时，不仅要正确辨析具体语言环境中的修辞手法，还要注意体会修辞手法在特定语境中的积极作用和表达效果，避免比喻不贴切、比拟不当、夸张失真和排比生硬等问题。修辞手法是我们学习语文时的难点，但它在作文写作中必不可少。我之前学习修辞手法的时候，也总是很头疼，有几种修辞手法很容易混淆，如比喻和拟人，所以我特意做了一张包含大多数修辞手法的导图，如下图所示。

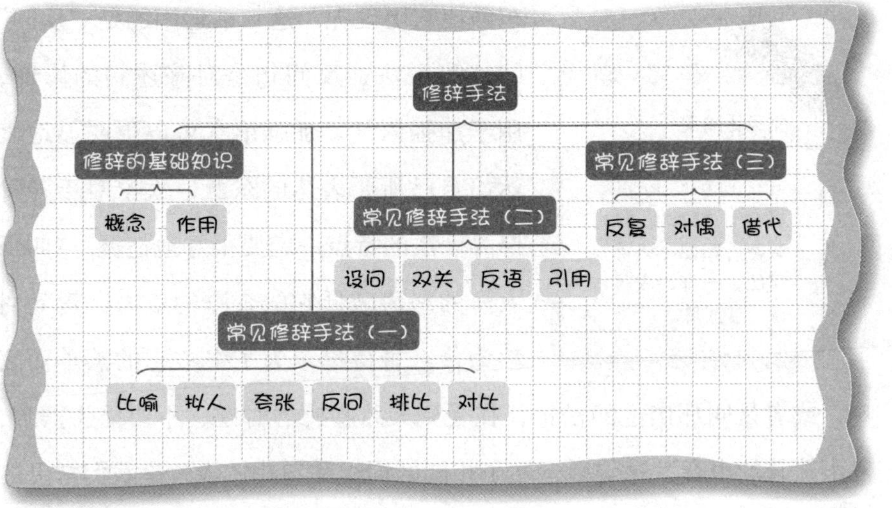

大家首先要明确修辞手法是什么，其次要学会怎么去运用。在这里，我们来实战演练一下。

下面一段话所用的修辞手法列举正确的一项是（　　）

你现在跟这个犹太人讲理，就像站在海滩上，叫那大海的怒涛减低它的奔腾的威力，责问豺狼为什么害得母羊为了失去它的羔羊而哀啼，或者是叫那山上的松柏，在受到天风吹拂的时候，不要摇头摆脑，发出簌簌的声音。要是你能够叫这个犹太人的心变软——世上还有什么东西比它更硬呢？（摘自《威尼斯商人》）

A.比喻　排比　反问　　B.比喻　拟人　设问

C.排比　拟人　反问　　D.比喻　排比　设问

我们可以先读一下整段文字，“你现在跟这个犹太人讲理，就像站在海滩上”这句话运用的是“比喻”的修辞手法，因为句子中出现了“像”（关于常见的比喻词，我放在了下面的小贴士中）。“世上还有什么

小贴士

常见比喻词

像、好像、若、似、似的、似乎、好似、恰似、如、犹如、有如、仿佛、好比、一样、成了、是、变成等。

东西比它更硬呢”这句话运用的是“反问”的修辞手法，反问句是对陈述句的修饰，用于加强语气。加强语气可以更明显地表达出自己所要表达的东西，大家对于各种修辞手法的特点一定要很好地把握。“叫那大海的怒涛减低它的奔腾的威力，责问豺狼为什么害得母羊为了失去它的羔羊而哀啼，或者是叫那山上的松柏，在受到天风吹拂的时候，不要摇头摆脑，发出簌簌的声音”这句话运用了相同的词组和句式，也就是我们常见的“排比”。经分析，答案A是正确的。

掌握了修辞手法，我们也要学会反向练习，要能纠正修辞手法运用中的错误，这样正反结合，就能不断提高自己运用修辞手法的水平。我们来看下面这道题。

对下列句子修辞手法说明错误的一项是（　　）

A.看万山红遍，层林尽染（夸张）

B.指点江山，激扬文字（对偶）

C.问苍茫大地，谁主沉浮（反问）

D.油油的在水底招摇（拟人）

我们先读句子，A句“看万山红遍，层林尽染”，万山怎么可能都变成红色，层林怎么可能都染上颜色呢？所以是夸张。B句“指点江山，激扬文字”，是对偶句。D句“油油的在水底招摇”，“招摇”是人类特有的一个动作，而用于文中植物的描述则有拟人的意思。最后我们看C句“问苍茫大地，谁主沉浮”，这句话是设问还是反问呢？设问和反问都是无疑而问，但是二者有明显的区别。设问不表示肯定什么或否定什么，反问明确地表示肯定和否定的内容。设问主要是提出问题，引起注意，启发思考；反问主要是加强语气，用确定的语气表明作者的思想。设问不同于一般的疑问句，它是一种应用较广的修辞手法。在这里我想补充一下，有的文章会直接用设问做标题，可以很好地吸引读者、启发读者，使读者更好地体会文章的中心思想；有的则会用在一段或一节文章的开头或结尾，以起到承上启下的过渡作用。明确了什么是设问，我们不难判断C句运用的修辞手法应为设问。

修辞手法虽然有很多种，但是只要我们善于把握各种修辞手法的特点，就不难掌握。钟南山院士曾在采访中谈到孩子学习的问题，他表示在自己70多年的学习经验里，语文是最重要的。

语文带来的提升，主要表现在说话和写作上，也就是一个人的表达能力。但凡有所成就的人，基本都有一个特质：讲话条理清晰、表达顺畅。这并不是天生的，而是后天训练得到的。毫不夸张地说，表达力的好坏，决定了孩子今后的人生高度。掌握好语言的学习技巧，把握好修辞手法的运用，勤加训练，相信大家在今后的语文学习中一定可以更进一步！

文学常识和课文，你还在死记硬背吗？

禹小琴

高考总分：**638** 语文：**125**

毕业于宁夏固原一中

2016年考入北京大学考古文博学院

内容导读

文学常识和课文背诵默写是中考语文必考的内容，不仅如此，将其用在作文写作中，更能成为作文的亮点！所以，文学常识和背诵默写方面，一定要进行强化训练。但是，一提到文学常识，好多同学都头疼，那么多内容，涉及方方面面，怎么记得下来呀？什么！你以为文学常识是靠死记硬背的吗？本文讲解文学常识的正确打开方式和背诵默写的新方法，一定比死记硬背更有趣、更有效，一起来看看吧！

文学常识的正确打开方式

认识初中文学常识题型

在学习之前，我们先来认识一下目标对象——文学常识。实际上，中考的文学常识考点比较简单，都是“常识”类的题，涉及的知识大都是我们平时遇到过的，不会太偏太难。而很多同学觉得知识点太杂，无从下手，多是因为平时没有集中注意力去关注核心考点，没有用心思考考什么，只是一味地做题。观察各地历年的考题可以发现，文学常识最常考的就是课本中提到的作家及其作品。题型以选择题为主，题目的主要问法有“搭配有误的选项是”“作家均为同朝代的是”“文学常识表述有误的是”等，另外还有以“对应”方式的提问。这就说明我们可以不用死记硬背，但必须得了解、得有印象，看到选项要能判断正误。

题型	内容
选择题	1. 作家、作品、朝代搭配有误 2. 作品或作家表述有误 3. 同朝代作家
对应方式的提问	1. 作家与对应的作品 2. 作家与对应朝代 3. 作品与作品出处

有些地方的中考会对文学常识的范围做限定，比如要了解陶渊明、王维、李白、杜甫、白居易、刘禹锡、柳宗元、范仲淹、欧阳修等作家及其作品，以及《诗经》《左传》《论语》《孟子》《战国策》等。如果你所在的地方有范围限定那更好，但如果没有，也完全不必担心，因为中考的文学常识考点都是有迹可循的，一般只要知道作家、作品、年代、出处、国别这5点内容即可。而这些内容，大多都是从课文中衍生出来的。这就要求大家每学一篇课文，就要有目的地关注这5点内容。中国的作家考年代和作品，外国的作家考国别和作品；至于出处，如果出自《××全集》，则可以不用记，要记就记有特点的、有专有名词的。比如《小石潭记》出自《柳河东集》，而不是《柳宗元集》；《岳阳楼记》出自《范文正公集》；等等。另外，中国作家的字、号一般不是中考的考点，当然了解一下肯定有益无害。

除作家、作品、年代、出处、国别这5点内容最常见外，还有一些其他的知识也需要了解。它们的分类大体如下。

类别	举例
文化常识类	三教九流、三皇五帝、唐宋八大家、汉字六书
文学之最类	最早的诗歌总集《诗经》、最早的纪传体通史《史记》
谦称敬称类	令尊、先父、贤弟、帝王自称孤寡朕
地理常识类	四海八荒、山水阴阳、五岳
古代文体类	词、序、表、传、书
常见借代词语	桑梓—家乡、社稷—国家、布衣—百姓、垂髫—小孩

相比于前5点内容，上图中的这些内容考得较少，但都是一些耳熟能详的、常见的考点。平时遇到时多停留几分钟，稍加记忆即可掌握。

了解之后我们会发现，文学常识考点杂、多，但不难，考的都是核心和常识，因此只要大概了解过，就很容易拿分。但越是容易，越不应该放弃，所以前期必须要花费一些精力在这上面。每学一篇课文，就应该有意识地关注一下该课文出自哪儿，其作者还有哪些其他名作，作者的年代或国别是什么等，这些都是考试中常考的内容，同学们必须掌握。下面重点介绍3种实用的巧记方法。

平时积累法

该方法需要根据不同年级来区分。如果你是初一初二年级，那你一定从现在开始，多注意积累文学常识。此阶段不用局限于积累哪种常识，所有遇到的有关文学常识的内容，都可以摘抄并记忆下来。因为这时，我们的主要目标不是应试，而是全面充实自己。积累各种各样的知识，不仅可以提升我们的语文素养，还能扩充我们的文学素材，帮助我们在写作文时有话可写、写得精彩！具体做法分两点，一是重点关注课本上涉及的文学常识。每学完一课，就主动查阅一下该课文作者的相关信息，然后把作者重要的事迹、经典的著作等归纳在笔记本上。二是大量阅读经典著作。阅读能全面拓宽自己的知识面和提升理解力，最好能根据课标要求上的中学生必读书目，有计划地安排阅读。每读完一本书，就将其作者及简介记录下来，甚至可以把书中的经典词句摘抄下来，形成自己的文化小宝库。如果你能在这个阶段坚持积累，那么到初三时，就不用再担心文化常识类的题目了，你可以信手拈来。

而如果你已经到了初三，即将面临中考，那么拉网式的积累明显已经不合适了。此时要做的，就是抓住核心，掌握应试需要的知识。那些考题中出现的常识题、老师上课频繁提到的作家及作品一定是你要重点掌握的，且应以作家为主线，有层次地选择记忆。有层次指的是先记一批最常见的作家，然后再记一批不太常见的作家。比如下图所列就是几位重要的诗、词、小说作家及其作品、朝代或国别。

陶渊明	《五柳先生传》	《桃花源记》	《饮酒》	东晋
王维	《使至塞上》	唐代		
李白	《行路难》	唐代		
杜甫	《茅屋为秋风所破歌》		唐代	
白居易	《钱塘湖春行》	《白氏长庆集》	唐代	
刘禹锡	《酬乐天扬州初逢席上见赠》		《陋室铭》	唐代
柳宗元	《小石潭记》	《柳河东集》	唐代	
范仲淹	《岳阳楼记》	《范文正公集》	北宋	
欧阳修	《醉翁亭记》	北宋		
王安石	《登飞来峰》	《临川先生文集》	北宋	
苏轼	《水调歌头》	《东坡乐府笺》	北宋	
辛弃疾	《西江月·夜行黄沙道中》		《稼轩长短句》	南宋
马致远	《天净沙·秋思》	元代		
吴敬梓	《范进中举》	《儒林外史》	清代	
鲁迅	《藤野先生》《从百草园到三味书屋》《朝花夕拾》《故乡》《呐喊》			近现代
老舍	《济南的冬天》	近现代		
朱自清	《背影》《春》	近现代		
郭沫若	《天上的街市》	近现代		
契诃夫	《变色龙》	俄罗斯		

拓展阅读法

这是一种关于如何记忆的方法。其实，上网搜一下“如何记住语文文学常识”，会出现各种各样的解答。很多解答都是把所有知识罗列成一个文档，还有的解答是把可能会出现作家、作品按照时间顺序制成一张表，以便记背，如下表所示。

唐代	刘禹锡	唐代诗人	《陋室铭》	铭	《刘禹锡集》
	杜甫	唐代现实主义诗人，诗圣	《石壕吏》《望岳》《春望》《茅屋为秋风所破歌》	诗歌	《杜诗详注》
	李白	唐代浪漫主义诗人，诗仙	《渡荆门送别》《行路难》	诗歌	《李太白全集》
	王维	唐代田园诗人	《使至塞上》	诗歌	《王右丞集笺注》
	杜牧	唐代诗人	《赤壁》	诗	《樊川诗集注》
	柳宗元	唐代文学家	《小石潭记》	记	《柳河东集》
	岑参	唐代边塞诗人	《白雪歌送武判官归京》	诗	《岑参集校注》
	温庭筠	晚唐花间派诗人	《望江南》	词	《全唐五代史》
	白居易	唐代诗人	《望月有感》	诗	《白氏长庆集》
	孟浩然	唐代田园诗人	《过故人庄》	诗	《孟襄阳集》
			《望洞庭湖赠张丞相》		《孟浩然集校注》
	韩愈	唐代散文家、诗人	《马说》《早春呈水部张十八员外》	说	《韩愈文选》
宋代	周敦颐	北宋哲学家	《爱莲说》	说	《周元公集》
	苏轼	宋代文学家	《记承天寺夜游》	词／记	《东坡志林》
			《水调歌头》《江城子》		《东坡乐府笺》
	陆游	南宋著名爱国诗人	《游山西村》	诗歌	《剑南诗稿》
	王安石	宋代诗人	《伤仲永》	散文	《临川先生文集》
	欧阳修	宋代文学家	《醉翁亭记》	散文	《欧阳修散文选集》
	范仲淹	北宋政治家、文学家	《岳阳楼记》	记	《范文正公集》
	李清照	宋代女词人	《武陵春·春晚》	词	《李清照集校注》
	辛弃疾	南宋爱国词人	《清平乐·村居》《破阵子·为陈同甫赋壮词以寄之》	词	《稼轩长短句》

我想请问大家，看到上面这张表，你有什么感觉？你认为表格罗列得很清晰吗？你认为你能背得下来吗？反正我看到它，就一个感觉：头疼。简单的罗列，很难记得下来！说不定还会背混了呢。所以我认为，这是一种效率很低的记忆方法。

而我认为有效的方法是拓展阅读法。也就是说，看到一位作家，我先从课本或者教辅书上，找到这位作家的介绍或作品，迅速地读一读。如果还能找到这位作家的逸闻趣事，那我更乐意去看看。通过这种拓展阅读的方式，我会对这位作家有更深刻、更饱满的认识，再加上不同途径的反复了解，我会自然而然地记住这位作家的所处时代、国别、作品风格等。在此基础上，只需要再着重记忆一下核心的考点就可以了。有同学可能认为这种方法会浪费较多的时间，作家太多了没有时间挨个看。但其实，要找的扩展材料多在课本上，只要你每遇到一位作家，就多花几分钟翻一下课本，这个问题也就解决了，总比你拿着上面这张表死记硬背要好。

而对于其他一些文学常识，如九流，我的记法也不是完全地记背这9个流派，只是关注其代表人物即可。再比如对于五岳，我会在网上找找它们的图片，或者以东南西北中为方位，随手标注一下，就会有一个大概印象。

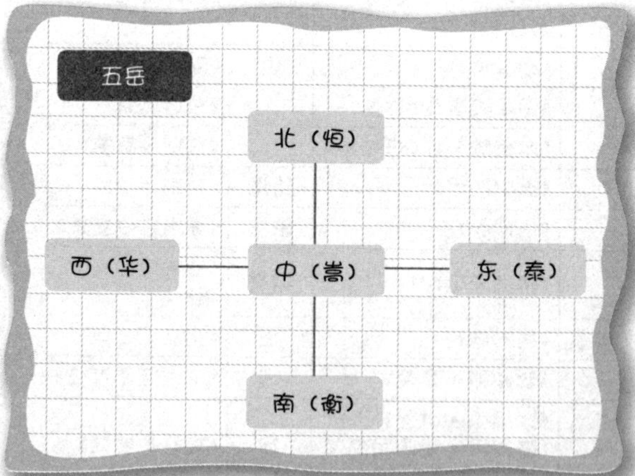

口诀法

该法主要针对一些记忆点多且不易记的内容，自己可以想办法编几句口诀加以记忆。如初唐四杰，可以记忆为“卢骆王杨”，即卢照邻、骆宾王、王勃、杨炯；元曲四大家，可以记忆为“郑关白马”，即郑光祖、关汉卿、白朴和马致远。再如“李白浪漫，蜀道进酒；杜甫写实，三吏三别”这4句口诀，将李杜的诗文风格、主要作品都收纳了进去，方便记忆。

总之，记忆的方法很多，不局限于上面这几个，但你一定要思考哪种方法最适合自己。还有就是要做一个有心人，平时多留意考试中出现的文学常识题，稍加关注，就能减轻你临到中考时的复习压力。

解锁背诵默写新方法

背诵默写的特点

再来谈谈背诵默写。提起背诵默写，很多同学都头疼，因为凡是教材中要求背诵的文言文和诗歌，都是中考的默写范围。但中考经验告诉我们，在背诵默写上丢分，并不是因为同学不会背，而是写不对。也就是说，3年下来，在语文老师的各种“手段”下，你一定会背诵绝大多数的古诗文，但至于会不会写，老师也没有精力逐一检查了。故而这一块的主要问题在于，背下来之后能否全写对。因为默写部分要求很严，一字错则该句皆不得分。

我总结了一下，中考背诵默写丢分的，主要有3种原因：一是错别字，二是理解有误，三是首句遗忘。根据这3种丢分原因，我给出了不同的解决方法。

易错字提醒法

首先，错别字是所有同学在背诵默写中最不可避免的一个问题。除了粗心马虎外，根本还与你对诗句的意思理解有误有关，即没有真正理解诗句的意思，从而误写成其他字。所以同学们在背诗的时候，一定不要死背，要理解之后再背。

> 子曰："学而时习之，不亦说乎？有朋自远方来，不亦乐乎？"（《学而》）

划线的这3个字，是最容易出错的。其实，只要准确理解了每一句的意思，错误就能避免。第一个"时"，若不理解诗句意思，易写为"实"。而一旦你知道这句话是说"学习并且时常去温习它，不也是愉悦的吗？"，那你还会出错吗？同样，后一句的意思是"有志同道合的人从远方来，不也是快乐的吗？"。理解诗句本来的意思，是正确默写的前提。

另外，平时在拿到一首诗后，一定要先关注一下，这首诗里自己最容易写错的是哪个字，要对诗中的易错字做到心中有数。以《过零丁洋》为例，我拿到这首诗，先会把其中我认为会出错的字用红笔圈起来，然后想办法记住它们正确的写法。

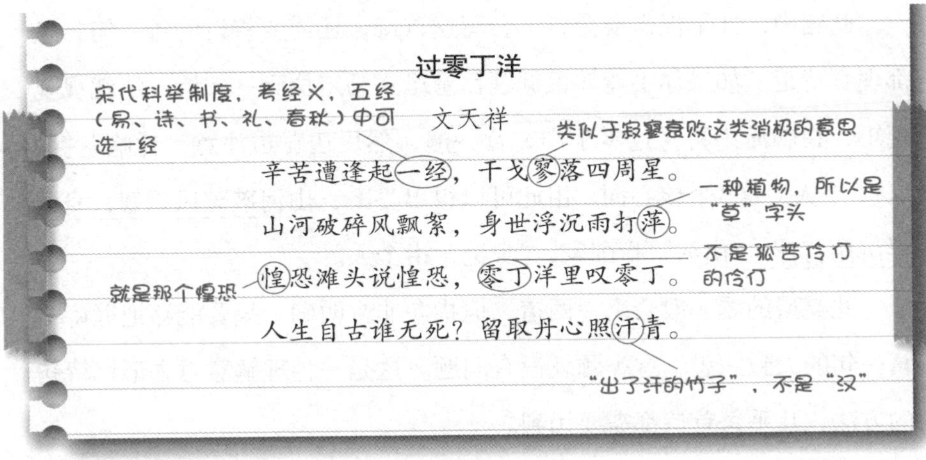

这样一圈、一标注后，我相信，《过零丁洋》这首诗的默写我不会再写错字了。这就要求大家在平时上课或背诵的时候，把字落在笔头上，专门写写画画标记一下，这样掌握的知识更牢固。

理解记忆法

理解有误指的是在默写时，我们想不到这句诗或者写了一句其他不准确的诗。因为在默写这道题上，不全是给出上句写下句的“硬默”，还会是理解性的默写，即“软默”。这就要求学生把每一句诗都理解清楚，即要清楚表达意思感情，如此才能在试卷上准确写出需要的诗句。如下面这道中考题。

> 文天祥在《过零丁洋》一诗中，运用比喻表现国家危亡、个人身世坎坷的句子是“______，______”。

此题中，你不仅需要会背、会写这首诗，还需要将诗的每一句意思都理解清楚。如果你不能够根据题目意思立马定位到一句诗，那就规规矩矩，在脑海中将《过零丁洋》背一遍，然后边背边注意“比喻”“国家”“个人”这3个核心词。由此可以得出答案：山河破碎风飘絮，身世浮沉雨打萍。“山河”指国家，“身世”指个人。

此类型的题一般会出一两道，但指向非常明确，只要能够把握诗中每一句的大致意思，这类题就没有问题。这是一种理解意思去记忆诗句的方法，几乎每首诗都需要用到。

标题—首句联合记忆法

该方法是针对首句遗忘的。很多时候，出题人并不友善，会故意刁难我们，给出下句让我们填上句。许多同学经常出现，看到下句，脑子一蒙，死活想不起来上句的问题，甚至连第一句都卡住了。我的建议是用标题—首句联合记忆法。平时看到一首诗的标题，一定要把该标题和首句的第一个字连在一起记忆。然后到考试的时候，遇到填上句的情况，先不要着急看给出的下句是什么，而是先看古诗的题目，接着立马联想到首句的第一个字。这样，即使你卡在了上句，还能通过顺利背出整首诗来唤起记忆。

以范仲淹的《渔家傲·秋思》为例，首句是“塞下秋来风景异”。那怎么把标题和首句联合起来呢？这就要充分发挥你的聪明才智了，想办法

“不择手段”地把它俩联系起来。比如我会把“傲”和“塞”联系起来，一看到《渔家傲》有个“傲”字，立马就能联系到谐音“奥赛”，继而就能开启后续的背诵了。再如《次北固山下》的首句为“客路青山外”，那我就自然而然地把“次”和“客”联系起来了，因为谐音为“刺客”。

总结

针对中考文学常识和背诵默写，本文分别给出了3种方法，在此总结一下。

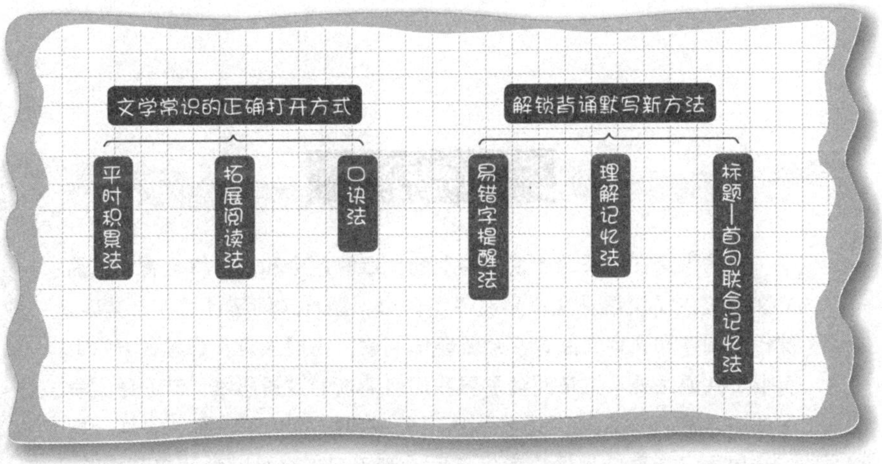

初中语文文学常识和背诵默写，并不是靠死记硬背就能解决的。本文给大家介绍了我认为比较实用的几种方法，大家可以尝试一下。诸如此类的方法还有很多，大家可以自己去发掘。其实，文史中的很多记忆都需要用到各种方法，真正死记硬背的没有多少。在理解的基础上，加上一点自己的方法，学习就会变得轻松又高效。

现代文阅读和文言文阅读
——勾画、标注加思考，读书做题才有效

王 辰

高考总分：677 语文：131

毕业于淮阳第一高级中学

2017年考入清华大学经济管理学院

内容导读

相信大家在刚开始阅读试卷上的文章时，会和我一样，看着长篇的文字陷入了沉思，文章到底讲了什么，题目又问了什么呢？其实，现代文阅读和文言文阅读都需要整体阅读、把握大意，二者在方法上有很多共通之处。文章阅读需要我们有清晰的逻辑思维，借助语文学习的方法和规律，捕捉语言信息，养成良好的阅读习惯：勾画—标注—思考。在整体把握文章信息后，套用我们常见题型的答题思路，从而达到篇篇读懂、每题会做的效果。文章虽长，但我们既可以把文章越读越短，也可以越读越精。只要重视对课本的学习，举一反三，坚持积累，强化训练，我们想要读通、读懂文章并不难。

打好基础是首要

如果以高考试题为准（我高考语文131分，全国Ⅰ卷），阅读第一篇文章，我会花比较长的时间，一般在10分钟左右。而当3个选择题迷惑性都比较大的时候，我可能会花15分钟。如果15分钟我都无法确定答案，我会选择完成后面的题目之后再回头来答。但这种方法在高考中风险比较大。阅读第二篇应用类文章，我花的时间在5分钟之内。因为答案就在文中，很好找，所以我做得很快。第三篇文章如果是散文类，我的完成时间在7分钟以内，小说类则一般在5分钟左右。因为小说的答题套路比较明显，更容易作答。对于文言文阅读，因为要通读全篇并且翻译，所以我会花10分钟左右。我做阅读题的速度很快，主要原因是平时做了大量的阅读训练。在这里，我有一些方法可以和大家分享一下，可能我的方法不适用于所有人，但希望可以在做阅读题时为大家提供一些有价值的借鉴。

看

我有一个习惯，只要有新的语文练习册，就会把所有的阅读题、文言文、诗词都看一遍，不做，只是看，哪怕练习册做不完也不怕，多看总是好的。语文的学习是从量的积累慢慢达到质变的，我们最终能在看书做题的过程中更深刻地感受到文章的内涵，很快领悟到作者想说的是什么，从而达到积累的目的。文言文也是如此，哪怕有几个字词你拿捏不准具体意思，但它要表达什么，你却一清二楚，让你来翻译，也不会偏离其本身的意思。上学的时候，我每天晚上最少都会看一篇文章，平时遇到一些自己喜欢的东西也会记在本子上，如喜欢的诗词等，没事就翻翻。看得多，“阅历”就多，做题时就不会一头雾水，问题也就迎刃而解了。我当时喜欢看字典，尤其喜欢看厚的有字源和字的演变的新华字典和古汉语词典。平时多翻字典，做阅读题时只要遇到模棱两可的字词就查一下。看某个字词时不要只关注你所查的那篇古文中的含义，也看看这个字词本身还有什么含义，这些含义都用在哪里，等等。虽然这会耗费很多时间，但是收获也会更多。每次考试后可以把错的字词的翻译抄在一个本子上，下课无聊时就拿出来看看。大家可以试一下通过参考书找出与课程相关的内容，包括诗词的背景、史实、典故、考证、后世各家注释等。如果课程引用的是古文选段，最好找出完整的原文来阅读。特别要看史实和典故，很多古文中的某些字词，其实就是从史实和典故中摘取的，如果不通晓这些知识，阅读的时候有些关键字词就看不懂，从而影响对阅读的理解。如果有能力，还可以看一些古文选集，如《古文观止》等，要在时间许可的情况下多看多读。与此同时，我会尝试用文言文来表达自己的一些观点，因为我平时有写日记的习惯，所以我会在每天的日记中添上一两句文言文来巩固基础。

背

有些同学对语文天生缺乏兴趣，从小语文学习都没有抓紧过，成绩时好时坏。我的个人经验是先背，积累学科知识。语文学科知识的积累主要包括古诗文背诵、文言知识、语言基础的积累。面对如此多的需要记忆的知识，我也常常倒吸一口冷气。过目不忘这种“神技”的存在概率极低，所以我们一开始都只能死记，但死记效率之低大家一定有所体会。因此，我会在这个时候不断暗示自己热爱语文，自己是语文学习的潜力股，然后再开始背书。一开始是步履维艰的，感觉自己眼前黑蒙蒙一片，看不到出路，只能机械地读了一遍又一遍，想着再坚持一下。

俗话说“基础不牢，地动山摇”。同学们要对最常见的文言实词和虚词知识有一定的储备。我每天会背诵5个实词，背诵时还要联想，尽量将每个实词不同的意思有机地联系起来记忆。另外，背诵时不能只记住词意，还要将例句也背诵下来。然后将自己每天背诵的内容记录、整理下来，每天都回顾前一天背诵的内容。通过这个方法，你会惊喜地发现，你背过的课内文言实词出现在了文言文阅读里，你看过的文言文故事其实是古诗词里的典故……只要你肯背，语文有许多基础分都是能拿到的，信心一下就有了。你别不信，许多人都是因为某一学科学得好然后越来越喜欢那一科，如此形成良性循环。

做

关于现代文阅读，我每天晚上都会做一篇现代文阅读的题，如此坚持了一两年，也花费了不少精力。做完题后一定要看答案，阅读理解的答案是有套话的，不同类型的文章套话稍微有点区别，花一些精力去记一记、背一背，是有极大帮助的。一篇文章的上下文之间往往是有联系的，通过上下文之间的联系以及字的构造，可以猜测词义。我们的猜测可能不太准确，但是大概意思对了，也可以帮助我们理解全文。反复刷题的效果往往不大，做完一篇文章，就要练会一篇文章，不能急于求成，在时间允许的情况下，可以逐字逐句慢慢分析。

关于现代文阅读我总结了一张思维导图，大家可以借鉴一下这种总结归纳的方法，再根据自己的做题经验和对文言文的理解，针对文言文阅读也做一张类似的思维导图。

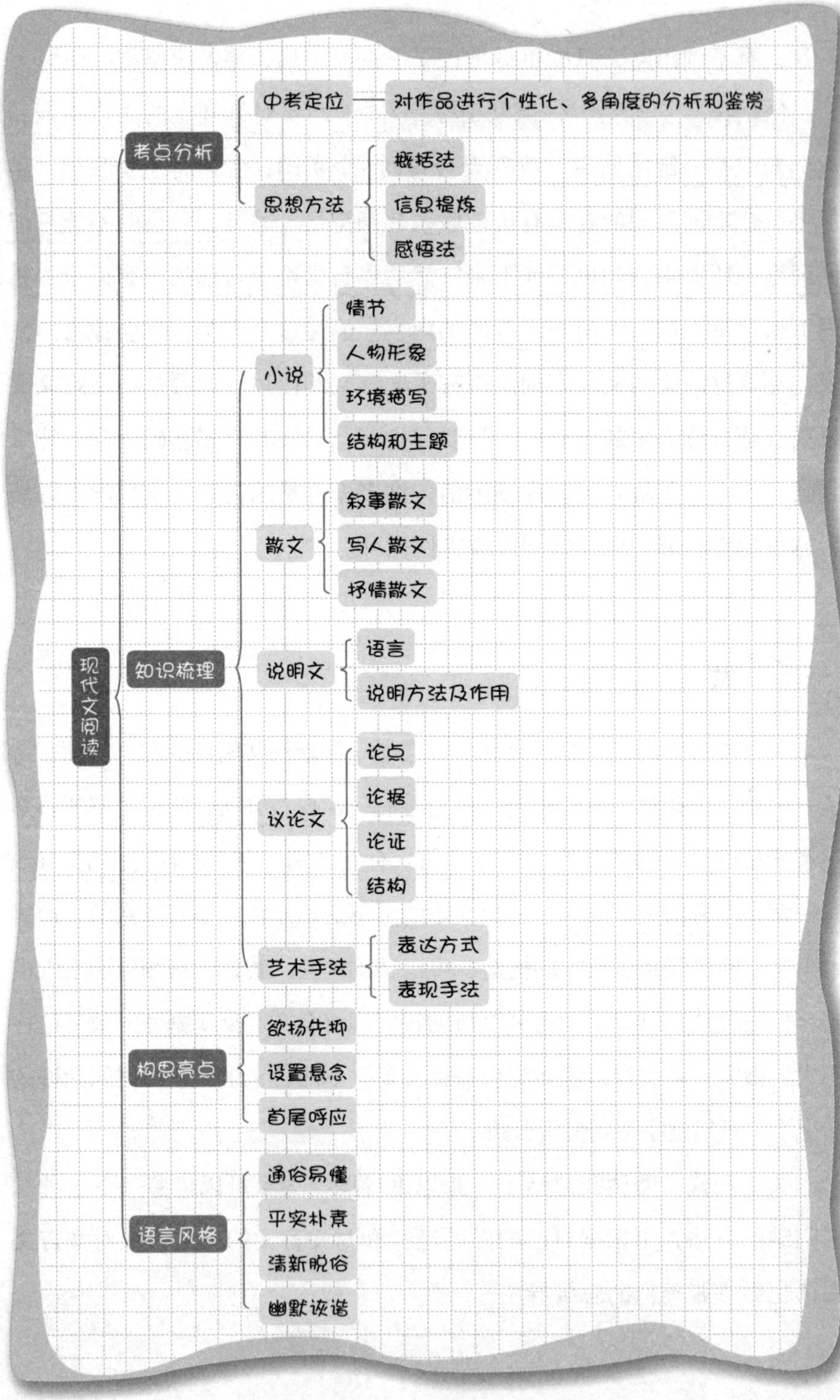
现代文阅读
考点分析
中考定位
对作品进行个性化、多角度的分析和鉴赏
思想方法
概括法
信息提炼
感悟法
知识梳理
小说
情节
人物形象
环境描写
结构和主题
散文
叙事散文
写人散文
抒情散文
说明文
语言
说明方法及作用
议论文
论点
论据
论证
结构
艺术手法
表达方式
表现手法
构思亮点
欲扬先抑
设置悬念
首尾呼应
语言风格
通俗易懂
平实朴素
清新脱俗
幽默诙谐

掌握技巧很重要

在我们现有的语文基础上，如何快速阅读、理解呢？我有时会借助思维导图的形式帮助自己理解文章。在这里我以《秋天的怀念》为例，教大家如何梳理文章内容。

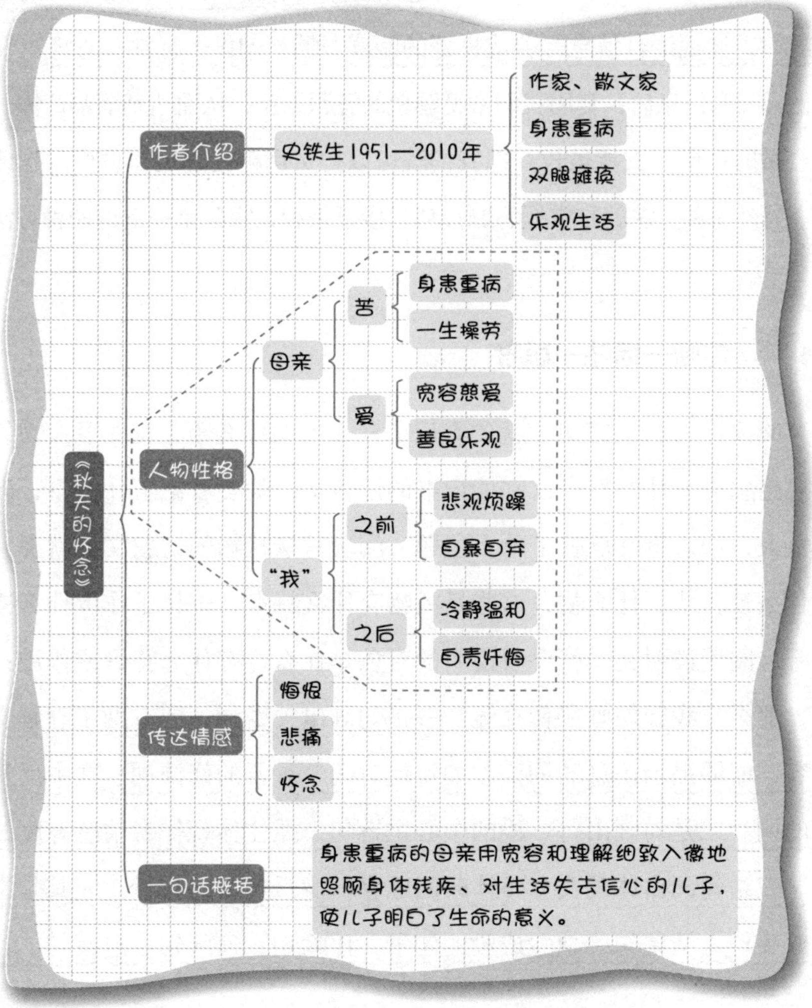

养成梳理文章内容的习惯，会让我们在今后的阅读中抢占先机，率先读通文章、读懂文章。

中考语文现代文阅读和文言文阅读的分值占比较大，且大家普遍丢分较多，又不知道怎么提升。提升阅读能力需要我们有清晰的逻辑思维，借助语文学习的方法和规律，捕捉语言信息，养成良好的阅读习惯：勾画—标注—思考。在整体把握文章信息后，套用我们常见题型的答题思路，从而达到篇篇读懂、每题会做的效果。文章虽长，但我们既可以把文章越读越短，也可以越读越精。另外一种方法就是掌握答题技巧，接下来和大家分享一下这两种方法。

勾画—标注—思考

阅读记人的记叙文，就要看记了什么人的什么事，表现了人物怎样的思想感情或性格特点；阅读记事的记叙文，就要看记了什么事，涉及哪些人，通过事件反映了什么主题；阅读写景状物的记叙文，就要看写了什么景，状了什么物，这些景或物有什么特点，寄托了作者什么样的情感；阅读说明文，就要看说明的对象是什么，有什么特点或作用；等等。那么，我会勾画些什么呢？一是勾画出关键词，即有助于理解文章内容，能够提示信息的词语，如年代时间、重要的修饰词、文中反复强调的词。二是勾画出每一段的中心主旨句，抓住体现作者情感态度的句子。三是勾画出体现文章整体时间顺序、逻辑顺序的句子。尤其是文章的开头句、结尾句、独立成段的句子、比喻句、连问句、过渡句、抒情议论句等，文章的主旨常常隐含其中。对以上勾画内容进行提取、整合，从而可以梳理出文章思路。

概括提炼能力是语文阅读中最重要的能力，能够考查你是否读懂文章，是否能准确总结你对文章的体会和感想。概括提炼即对全文、段落进行整体概括，我会把自己领悟到的信息标注在段落旁边。在平时的阅读中，我们也要多总结归纳段意和文意的方法，培养概括提炼的能力和习惯。同时，还要思考句与句之间的关系、段与段之间的关系，依据勾画和标注的内容整理文章大意，思考作者的创作意图。

掌握答题技巧

首先，我会细心研读题目，抓住题目中的重要词语，如“简要”“概括”“主要”“分别”“结合上下文”“结合文章分析”“根据文章内容”“联系生活实际”“联系自己的生活体验”等，使思考有的放矢。然后，再重新回读文章，尤其注意文中的重要句段，把握其中的关键段、关键句、关键词。答题时紧扣文本，既要关注与题目有关的段、句、词，也要注意联系上下文，从作者、读者、主旨、结构等角度来思考问题。最后，我会翻回题目看一下分值的多少和横线的长短，有序地组织语言并书写答案。在这里我举一个例子。

闻起来像妈妈一样

小男孩泰迪有着一个虽不健全却很幸福的家，他和妈妈快乐地生活在一起。幼儿园老师在他的毕业鉴定中这样写道：泰迪是一个聪明可爱、很有前途的孩子。

一年级的时候，发生了一件不幸的事情——泰迪的妈妈生了重病，泰迪每天神思恍惚，变得对什么事都心不在焉。二年级时，残酷的死神最终还是夺走了泰迪的妈妈。随着妈妈的去世，泰迪的心仿佛也被带走了。那一年，他留给老师们的印象是：接受能力差、反应迟钝。泰迪全变了，浑身脏兮兮的。望着他那乱发下挑衅的目光，没人愿意理他。

三年级的时候，新来了一位班主任史密斯小姐。和每位老师一样，史密斯小姐也没有将格外的关注放到泰迪身上，因为还有那么多孩子分散着她的注意力。但是一件小事却使泰迪发生了巨变。

那是当年的圣诞节。按照习惯，每个孩子都给史密斯小姐送了一件礼物。他们兴高采烈地围在史密斯小姐的身边，等着她把礼物一件件打开。在这堆包装精美的礼物中，有一个用旧包装纸笨拙地包着的小盒子——那是泰迪的礼物。史密斯小姐打开一看：是一只旧的假宝石手镯，上面的有些装饰已经破裂了，和它在一起的，是一瓶快用完的香水。让泰迪想不到的是，史密斯小姐高兴地戴上了手镯，并且高兴地把那剩余的香水喷向空中，还不住地大笑说："多好啊！"孩子们也快乐地笑着说："多好啊！多好啊！"

聚会结束了，孩子们离开了校园，偌大的教室里只剩下泰迪还站在那里，迟迟不肯离去。

"还有什么事吗？"史密斯小姐问。

"谢谢您收下了我的礼物。"泰迪小声说，"那手镯是我妈妈用过的，您戴上它非常漂亮；香水也是我妈妈用过的，现在，您闻起来就像我妈妈一样。"乱发下，泰迪昔日桀骜不驯的眼睛里噙满了泪水。

泰迪完全变了。

几年以后，离任的史密斯小姐收到了泰迪寄来的第一封短信："亲爱的史密斯小姐：我以全班第一名的成绩毕业了，如果您能参加我的毕业典礼，我将非常感激。爱您的泰迪。"

史密斯小姐没有令泰迪失望。以后，每隔几年，史密斯小姐就会收到相似的短信："亲爱的史密斯小姐：我以全班第二名的成绩考取了医学院，如您能参加我的入学典礼，我将不胜荣幸。爱您的泰迪。"

"亲爱的史密斯小姐：我现在即将成为一名医生了，如您能参加我的毕业典礼，我将不胜感激……"

"亲爱的史密斯小姐：下周二将是我结婚的日子，如您能光临，我将……"

"亲爱的史密斯小姐……"

当年，当史密斯小姐真诚地向周围同学喷洒那瓶快用完的香水时，她未必知道自己播下了怎样的爱与尊重的种子。今天，这一张张报喜的短信都像一枚枚爱的果实，散发着醉人的芳香。

[问题] 用"闻起来像妈妈一样"作为文章的题目，好在哪里？

首先，我会读完全文，找到主要人物和主要事件。在熟悉阅读材料的基础之上，还要注意对"题目"的理解，主要包括两个方面的内容：一是了解题目的类型及题目中含有的考点；二是揣摩题目的检测意图。然后，我会在准确理解题目的基础上分析文题。我们先分析一下"闻起来像妈妈一样"这一文题的来源，发现它是文中的关键语句，将其化为文题的作用是使中心事件鲜明突出。我们再从情感上分析，这个文题本身饱含深情，又能给人温馨的感觉，同时文题带有悬念，能吸引读者深入地进行阅读。从表达效果上来看，这个文题形象生动，很好地体现了记叙类文体的特色。如此，我们就可以组织出如下答案。

“闻起来像妈妈一样”将文中的关键语句化为文题，使中心事件鲜明突出，且文题本身饱含深情，能给人温馨的感觉。另外本文题带有悬念，能吸引读者深入地进行阅读；文题形象生动，很好地体现了记叙类文体的特色……

记叙文阅读常见的答题失误点

1. 结构、层次划分不准确。
2. 不能分析文中的线索。
3. 对文中人物的性格特点或文中的情节不能进行准确的概括。
4. 不能概括文中人物心理变化的过程。
5. 不能辨识新闻报道的结构。
6. 文段内容概括有误。
7. 不能品析词语的深层含义和句子的含义。
8. 对词、句、文段的表达作用把握不准。
9. 对文章行文中的技巧，如对比、照应等不能进行正确判断。
10. 不能准确地、有层次地结合文章内容进行个性化的表达，如进行联想想象、自由赏析和迁移创新等。

树立大局观和学科思维，掌握学习的技巧和方法远远比努力学习来得重要。“路漫漫其修远兮”，愿你我倾力而为，愿所有的付出都值得！祝大家学习进步、生活愉快，谢谢大家！

那些躲在作文格里的故事

黄可欣

高考总分：406（满分480）语文：135

毕业于江苏省宝应中学

2018年考入清华大学社会科学学院

内容导读

作文是语文的重要组成部分。作文格上的每一次落笔，都不是白纸与黑字的简单相遇，也不是词语与句子的机械排列。去发现那些躲在作文格里的小诀窍，灵动的文字也就自然而然地跃然纸上啦！我们要在对自己当前的作文水平有明确定位和认知的基础上，找到最舒服的写作方式，再通过对素材的恰当拾取和运用，最终达到游刃有余的状态。

你可知道，小小的作文格里，其实盛放着一朵朵美好的花朵。

谈及写作，如果只是将其看作一件应试环境下不得不做的事，那么在不断给自己设限的过程中，视野往往会变得狭隘。于我而言，写作更像是一种与生活、与这个世界沟通和交互的方式。作文格中存在的不是没有情感可言的孤立的文字，而是缓缓流淌的感动与不期而遇的温暖。

与其被写作时的消极情绪包围，误入压抑的恶性循环，不如去探寻那些发生在作文格里的故事，书写属于自己的小欢喜。

找到属于自己的“田野”

正如“一千位观众眼中有一千个哈姆雷特”，每个人的写作风格与写作方式也都刻上了自己独特的印记。与其在追求模仿中失掉自己最真实的感受与想法，不如在坚定探索中打造一个拥有自己的写作风格与写作方式的专属空间。

不被所谓典型例文的条条框框限制语言的“调色板”，不在对固定文段的套用中局限对自己的定义，不因一味地模仿与照搬他人文章而丢失自己的小小空间，方能在作文格中获得“我手写我心”的满足感。

当然，找到属于自己的“田野”并不意味着忽视老师所讲授的经验与方法，也不意味着对优秀范文不屑一顾。学习借鉴与自我的灵活运用从来就不是相互对立的矛盾体，二者能兼顾融合，形成位于“生搬硬套”与“胡编乱造”之间的安全过渡地带。在借鉴与自主思考之间实现调和与折中，在寻求共性的过程中不丢失原本的个性，我们往往会得到很多意料之外的惊喜。

这些属于自己的小小“田野”，也一片一片地拼接组合成了那些藏在作文格里的故事。也许是在书店里与柔和光影下认真阅读的拾荒老人的一场相遇，也许是平凡生活中那些独特且足够动人的美好瞬间，也许是在一场大雨中与伙伴一起聆听自然的欢愉与满足，也许是昏黄灯光下满头银丝的他们在你眼眶里激荡起的水花。凡此种种，在作文格上流淌而出的文字，往往都是记录生活时展现的属于自己的思悟。而构成自己的那片“田野”的多样性元素，也正如烟火盛放般绚烂。

首先要提及的就是明晰语言风格的差异性。换言之，我们需要对自己的写作方式有准确的定位与认知。在初中3年的学习中我们会发现，有些同学的语言优美而文采斐然，有些同学的语言理性而逻辑性强，有些同学的语言平淡却自带感染力，有些同学的文章叙事完整且结构清晰。对不同语言风格的了解并不意味着抛弃自己的写作方式，在明确自己的特点后反复练习与打磨，在学习的过程中使自己的语言更耐读、更经得起推敲，往往可以使写作更上一层楼。而我们的专属经历与个人素材库，则是构成“田野”的另一种色彩鲜明的元素。将自己的故事写成文章，收集并整理自己可以灵活运用的素材，也有助于丢掉许多阻碍我们在“田野”中奔跑的包袱。

其次，我想谈一谈语文学科素养的问题。也许很多人会认为这是一个比较宽泛的概念，也许很多人会觉得培养语文学科素养是一个长期的过程，其在相对较短的时间内难以得到提升。但我认为，在不否认语文学科素养积累具有长期性的前提下，我们依旧可以通过恰当的努力使其逐步见效。进行适量的优质阅读便是提升语文学科素养的重要方法。而语文学科素养的提升从某种程度上来说，也对提升作文的语言表达大有裨益。有效地、有针对性地进行阅读，不仅可以提升我们在面对作文题时的分析能力，也是一种语言的沉淀与积累。坚持高质量地阅读，逐渐提升语文学科素养，相信我们在写作时会更加行云流水。

找到属于自己的“田野”，是我们与作文格里的故事的第一场相遇。

素材的拾取和运用

在谈及素材的运用之前，我们不妨先根据素材的特点简单地对素材进行分类。考虑到初中所写基本都为记叙文，那么从大体上看，素材应该包括事例故事和语言描写两大类。前者更倾向于对文章主体框架与中心思想的选择与把控，后者则更倾向于对文章不同段落与细节的修饰和展现。

如果说二者在素材寻找方面有什么共通之处，那么我们自然不能脱离“阅读”这个至关重要的名词。阅读优质文章，是一种从故事本身，到文章结构与主题思想，再到语言表达与叙述手法的全方位学习。其中潜移默化的影响在此不再强调。当然，这样的阅读不是要求你花费大量的时间在一本本厚厚的书上，而是根据自己的需求进行有选择的精准阅读。无论是一篇短文，还是一则新闻、一个节选段落，阅读过程中的记录与思考都是必不可少的。积微成著，相信我们都可以通过积累迸发出属于自己的能量。

在这里，我想和大家谈一谈素材本的重要性。也许老师也在要求大家每天积累素材，但需要注意的是，这不是一种单纯对“量”的追求，更有对“质”的选择。这个素材本就像是一个供你在写作过程中随时提取素材的芯片，在充实文章的同时，也在为我们的语言添色。可能有些同学会觉得素材本的存在是多此一举，自己的经历与记忆中存在的一些文段足够使自己完成一篇文章。其实，这种过度依赖自身经历乃至想象力的举措往往是不可取的。素材本在更新我们脑海中的语言体系的同时，也在为生活中的平凡小事扩充着内涵。

除此以外，在坚持阅读的基础上，对不同类型的文章始终保持一定的敏锐度也是非常必要的。我们都知道，语文中的表达涵盖面很广，写作当然也是如此。与其在文字编织而成的浩瀚星海中眼花缭乱，不如将原本厚重的书籍“抽丝剥茧”，还原它们最初的模样。将描述不同场景的素材分离并整理进自己的素材本对应的板块中，不仅有助于我们理解语言本身的感染力，更可以帮助我们在自己的文章中更好地运用它们。归纳整理素材的过程，从某种意义上来说，也是一个体会、感悟和记忆的过程。而在这样的一个过程里，我们写作方面的能力自然也会得到相应的提升。

完成素材的拾取工作后，接下来我们应该将重点放在实际的运用上。对原始素材不加修改地生搬硬套往往会导致文不对题或是文章不连贯，因此，巧妙应用素材也是一项不可或缺的技能。我们不妨对自己搜集的素材进行关键词提取，并与作文题目进行一定的比对。此外，一些适用范围很广的描写片段，也应当依据不同文章的具体场景与氛围做出相应的调整。这样，素材便不再是硬生生挤入作文格的“外来物种”，而是成为作文格里鲜活的一抹亮丽色彩。

在反复打磨中遇见文字

遇见文字，从反复打磨的那一刻开始。

诚然，我们无法否认的是，语言的积淀不是一朝一夕就能实现的，这是一个以时间线为轴的延续性过程。随着许许多多接连在一起的作文格被密密麻麻的文字填满，我们也就逐渐拥有了观察生活与世界的独特视角。笔尖下出现的不再是机械堆砌的生硬语句，而是自然流淌出的最真切的感悟。笔尖与作文格的接触也就流溢出属于我们自己的光亮。

反复打磨的第一个阶段，重点在于文章的选材与主体结构。再优美与富有感染力的文字，如果用来修饰已经被滥用的故事与老套的事例，也会造成不必要的遗憾。就像是拥有华丽外观的大楼，架设在内部已经被蛀空的地基上，终有一刻会轰然倒塌。因此，对文章描述主体的选择是否睿智，也就意味着能否写好记叙文中的那一个故事。这在奠定作文

基础的过程中拥有非常重要的地位。

反复打磨的第二个阶段，就是对作文结构的一种合理把控。即使是内容充实新颖的文章，也无法消弭结构不合理所带来的混乱。对文章段落的巧妙安排，是写作中的一种增添自身作文亮点的方式。前后文衔接的流畅与自然，首尾的精心安排与照应，文章中心线或是象征性事物在全文中的串联，都是需要我们在一遍遍的练习中去体会和总结的。

反复打磨的最后一个阶段，就是对语言和词语的运用。良好的描写能力就像是在原本空无一物的简陋墙壁上雕镂出花纹，能为我们的文章增添别样的绚烂。抛却原本苍白无力的简单叙述，用词语和句子的搭配描摹出景色与人物真实美好的状态，才不会使语言失去本身的意义。

当然，仍需强调的是，反复打磨的含义不是在纷繁复杂的众多作文题中匆忙奔波，而是对同一道作文题的反复推敲与修改，在不断复写的过程中用心与作文格里的小小文字交互，去探寻故事中的那份温暖与感动。

那些不得不说的应试小诀窍

诚然，平日的写作与考场写作具有差异性，这也就意味着我们需要用不同的方式去应对。练习中花费大量时间与精力完成的佳作并不意味着能在考场上得到应用。因此，相关的应试小诀窍也是必不可少的。

其差异性具体体现在以下几个方面。首先，时间的长短不同。平日的写作练习有较为充裕的时间去思考与准备，而考试的限时也就在一定程度上提高了考场写作的难度。其次，非考试状态时思想的松弛与考试过程中思维的紧绷也形成了对比，因为心理调节不当而大脑空白的情况时常会发生。最后，考试时能够提取的素材只能是自己脑海中记忆的内容而非来自随手可翻的素材本，这也对我们灵活变通的能力有着一定的考验。

因此，依据自己的实际情况进行限时的写作训练是必要的，约束时间的同时也能绷紧我们思维的那根弦。与此同时，素材的积累与记忆也就越发展现出其重要的地位。能够有一套可以应对多数考场作文的思维体系与框架是更好的，但是考虑到记叙文的特殊性，如果实在感到思维枯竭，一篇你最得心应手的“万能文”此刻也能够派上用场。但这并不意味着简单地套用，而是需要结合具体题目做出相应的变通，方能在不同的作文题中应用自如。

我想，语文作为中考开考的第一门学科，以较为充足的准备与自信的姿态去迎接它，不仅有助于应对语文学科本身，也会对接下来的考试有一定的积极影响。而作为语文重要组成部分的写作板块，其重要性自然不必强调。此外，提升自己的写作技能，不仅能使我们在考场上泰然处之，亦能使我们从文字中感受到不一样的力量。

用自己的心与文字交互，去探寻那些躲在作文格里的故事。相信我们都能在无数文字运行的隧道里，寻找到那束属于自己的光。

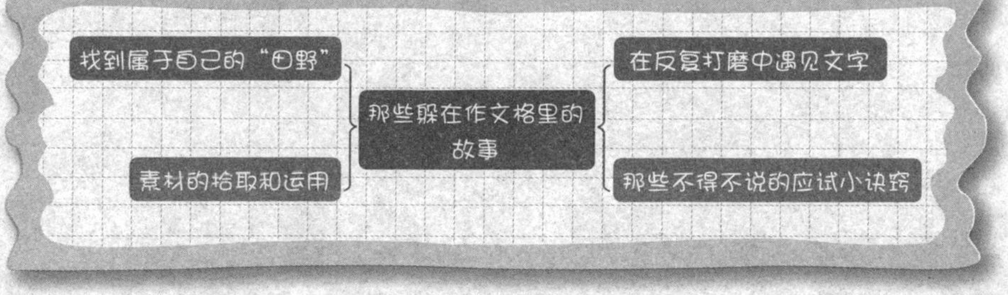

03 备考攻略篇

不管是在学校还是社会，

考试都伴随着每个人。

学习虽不是为了考试，

但考试能在一定程度上反映学习能力。

勤在寒窗苦读时，

乐在金榜题名后。

中考语文试卷分析*
——中考语文考什么？

王 辰

高考总分：677 语文：131

毕业于淮阳第一高级中学

2017年考入清华大学经济管理学院

内容导读

中考语文到底考些什么？为此，我们又需要做哪些准备呢？中考语文试卷能够较为全面地考查学生的语文素养，中考语文的整体考查方向是侧重于对阅读知识的考查。我们要注重平时的积累，注重对知识的应用，注重对中华文化的传承和对生活的关注。语文的世界是广阔的，提高我们自身的文化素养也是势在必行。问题虽然很多，但如果我们在现阶段就可以及时认识到阅读的重要性，并努力在实践中提高自己的阅读能力和丰富自己的阅读积累，提升综合素养，我们便能从众多学子当中脱颖而出，成为中考语文的佼佼者。

* 编者注：以笔者所在地区中考试卷为例。

中考语文试卷分析

在大家的印象中，语文成绩似乎总体差距不大。中考语文试卷满分为120分，大家的成绩多为85～100分，想要考110分以上似乎很难。我们先分析中考语文试卷的题型和分值分布。中考语文基本可以分成基础知识、文言文阅读、现代文阅读、综合性学习、作文等几大板块，分值分布如下表所示。

板块	考查	题目数	分值	占比
基础知识	读音、词语、病句、标点	4个	12分	10%
文言文阅读	文言文阅读及翻译	4个	15分	12.5%
现代文阅读	阅读理解	7个	31分	25.8%
综合性学习	运用语文知识解决生活问题的能力	2个	12分	10%
作文	正确运用语言文字表情达意的能力	1个	50分	41.7%
总计		18个	120分	100%

在进行考前规划的时候，我们一定要对中考语文试卷有一个很清晰的认识。中考语文试卷能够较为全面地考查学生的语文素养，中考语文的整体方向是侧重于对阅读知识的考查。我们要注重平时的积累，注重知识的应用，注重对中

华文化的传承和对生活的关注。下面，我把它分为基础知识、古代文学、现代文阅读和作文这4个板块，整合在一起和大家谈一谈在最后的冲刺阶段如何做到高效复习，希望能为大家提供有效的建议和启发。

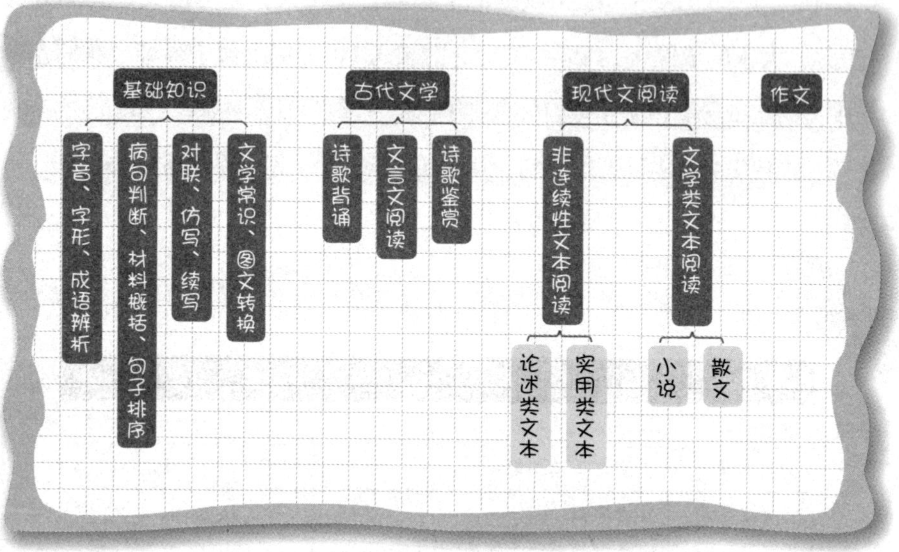

基础知识板块

在中考语文试卷中，基础知识板块主要包括字音、字形，成语辨析，病句判断，语言综合运用（材料概括、句子排序、对联、仿写、续写、图文转换），文学常识等题型。

字音、字形

对字音、字形的考查，是最基础、最简单的，但同时也是最容易出错的地方。复习的时候，我会将平时难以辨析的多音字（如血、曲）、形近字（如鹜、骛），尤其是那些日常生活中经常听到、讲到但却是错误的字音整理到自己的笔记本上［如字帖（tiè）、一模（mú）一样］。此外，我会把初一到初三每一课课后整理的字词都看一遍，毕竟考查的字音、字形大部分都是出自教材中的课文。

成语辨析

“成语”是我们在中考语文考试中一定会遇到的。在攻克成语辨析题型时，我会特别注意成语的修饰对象（如巧夺天工与鬼斧神工、惟妙惟肖与栩栩如生）、成语语义的褒贬色彩、成语与句子语境的关系等，以准确把握成语的不同色彩和使用语境。

病句判断

病句判断实际上和我们玩的小游戏“大家来找茬”很像。在“找茬”之前，我们一定要熟知病句成因、病句类型（用词不当、搭配不当、成分残缺、成分赘余、语序不当、结构混乱、逻辑失当、结构失衡、个别特殊的结构性语病）、判断病句的基本步骤。在掌握句子成分的基础上训练病句判断，以此积少成多，最终的效果确实不错。

语言综合运用

语言综合运用考查的题型以材料概括、句子排序、对联、仿写、续写、图文转换等为主。

关于对联，大家要注意根据平仄来判断上下联，以及对仗修辞手法的使用。句子的续写、仿写，一定要看清题目，看原句中是否使用了修辞手法（比喻、拟人、排比出现较多）；如果有，我们的续写、仿写也一定要用上同样的修辞手法！

文学常识

文学常识基本上都是围绕考纲所规定的文学名著和文化常识来考查的。也就是说，我们在中考语文冲刺复习的这段时间里，要将每一册教材中的“名著导读”部分重温一遍。在平常的学习中，我会准备一个积累本，随手抄录，并在早读的时候复习一下。除此之外，也可以和同桌互相提问，加以巩固。

基础知识板块，虽然冠以“基础”之名，但如果我们对其不重视，就会丢失很多不该丢的分，甚至因此与理想中的学校擦肩而过，那该有多遗憾呀！所以我们一定要夯实基础，勤加练习，时刻总结，争取拿到满分。

古代文学板块

说到古代文学，相信很多同学和我一样，一听到这4个字就头疼。诗歌背了总是忘，看不懂课外文言文，不知道从哪个角度赏析诗歌……中考语文试卷中的古代文学板块，大体上分为诗歌背诵、文言文阅读、诗歌鉴赏这3个部分，我们一起来看一下。

诗歌背诵部分

诗歌背诵部分，在中考语文试卷中的呈现形式一般是“诗句填空”“诗句选择”“理解性默写”，而且考查的诗句都是教材中的。我建议大家一定要跟着老师的复习进度按部就班地进行背诵，并在背诵后加以巩固，对自己容易出现错误的诗句反复记忆、反复背诵。功在平常，这部分的分数通常是没有捷径可走的。

文言文阅读部分

除了掌握初中阶段必须掌握的通假字词和考纲中规定的18个文言虚词以外，我们还要熟知文言文特殊句式（宾语前置、定语后置、状语后置、主谓倒装等），对文言文语句的翻译要做到举一反三。我的同桌曾问我：“我实词翻译对了，虚词的语法作用也考虑到了，句子语气也包含了，为什么还会丢掉一半的分呢？”我拿过他的试卷看了看，发现他在翻译上有一个大问题，即翻译文言文句子的时候只翻译了字词而忽略了句式。因此，我们要考虑到文言文中的一些特殊句式。在做文言文语句翻译题时，我们一定要按照现代汉语的逻辑写下译句，否则就会丢失句式分。

中考语文试卷还包含对文言文内容的考查。首先，我们要将教材中的文言文挨个过一遍，一定要了解每篇文言文究竟讲了什么，中心思想是什么。

比如读《岳阳楼记》，我们就一定要知道，范仲淹通过描写岳阳楼和洞庭湖的美好景色，以及在阴雨时和晴朗时带给人的不同感受，揭示了“不以物喜，不以己悲”的人生哲理，抒发了“先天下之忧而忧，后天下之乐而乐”的人生理想和政治抱负。

其次，我们要将这部分内容的错题标记下来，整理在自己的错题本中，并利用课余的时间复习，“温故而知新，可以为师矣”。

诗歌鉴赏部分

诗歌鉴赏在大部分中考语文试卷中，基本以两种题型存在：一是加点字词解释（比如“客路青山外，行舟绿水前”，让你解释“客路”的意思）；二是划线句赏析，或者是对整首诗歌进行情感上的把握。在我看来，关于字词解释，我们在准备诗歌背诵时，就应该主动将每首诗歌中重点的字词记下来。此外，我们要对诗歌的主旨情感有很清楚的认识。在解答划线句子赏析时，我们通常按照“句子翻译+句子使用的艺术手法（修辞手法、表现手法）+情感”这一答题模式去组织答案；在解答整首诗歌的赏析时，我们可以按照“创作手法+情感体现（可能不止一种主旨情感）”的思路去解答。

除此之外，主人公形象、诗人形象、意象、物象、景象、意境、炼字炼词、不同诗歌类型对应的不同情感、修辞手法、表现手法、表达方式、诗歌结构等基础知识，都是我复习“诗歌鉴赏”这一专题时特别注意的要点，希望大家在复习时也能抓住这些要点和自己的薄弱点。

现代文阅读板块

现代文阅读板块主要分为非连续性文本阅读和文学类文本阅读。关于现代文阅读的技巧，大家可以借助语文学习的方法和规律，捕捉语言信息，通过“勾画—标注—思考”这3步从整体上把握文本信息，再套用我们做常见题型时的答题思路。

非连续性文本阅读

我们先说非连续性文本阅读，它通常会涉及论述类文本、实用类文本以及这两种文本的结合。在做选择题时，我们要注意去挑选错误的选项，并判断选项出错的原因（如无中生有、曲解文意、偷换概念、范围混淆、已然与未然、推断有误、以偏概全、强加因果联系、因果倒置等）。我的同桌告诉我：“正确的选项在文章中，可能存在找不到的现象，但是错误的选项，我们一定能找得到！”其实他的这个思考角度就是一个很好的借鉴。简答题基本上会以词句赏析、拓展探究（根据材料，结合实际谈看法）的方式呈现。词句赏析中，我们要注重划线句是否运用了修辞手法，是否体现了作者的情感等。无论我们如何发散，如何联系生活实际，都不要忘了以材料为本。

基础知识补充

说明文的考查重点是说明对象、说明顺序（时间、空间、逻辑）、说明方法（列数字、举例子、下定义、分类别、作比较、打比方、摹状貌、做诠释、画图表）、说明文的语言风格（准确、简洁、严谨）。

议论文的考查重点是论点、论据、论证方法（举例论证、对比论证、道理论证、比喻论证）、议论文的语言风格（准确、严谨、客观、真实）。

文学类文本阅读

文学类文本阅读，通常以一篇小说或者散文作为考查的对象，考查题型通常为简答题。这一部分涉及的基础知识有很多，我整理了以下考查要点。大家在复习回顾的同时，一定要结合文本进行具体分析。

考查要点

1. 概括文章内容，把握文章主旨。
2. 修辞手法的考查。
3. 人物形象赏析。
4. 小说中人物、情节、环境的作用考查。
5. 标题的作用。
6. 文学类文本阅读中的“加点字词”赏析。
7. 文章线索、段落结构的作用。
8. 记叙文的基础知识、六要素、记叙顺序。
9. 不同人称对应的不同作用。
10. 文章语言风格的赏析。
11. 文章内容续写、仿写。
12. 表现手法赏析。
13. 叙事性散文、抒情性散文、议理性散文的基础知识。
14. 不同的表达方式起到的作用。
15. 拓展探究等创新题型。

作文板块

多读是第一步

语文教育家张志公先生说过："多写，这是完全必要的。不过，写必须以读为基础；没有正确的、充分的读做基础，光写还是不行的。"写是我们输出信息的过程，而读则是我们汲取信息的过程。没有原料，就做不出产品；同样的，没有一定的阅读量，也写不出好文章。

多写是写好的基础

初中时，老师总是以鲁迅的话来启发我们。鲁迅说："文章应该怎样做，我说不出来，因为自己的作文，是由于多看和练习，此外并无心得和方法。"巴金说："写吧，只有写，你才会写。"我们常常会觉得学好英语和数学才需要反复练习，写作需要捉摸不透的"灵感"，而它并非人人都有。但是对于考试作文来说，写得好是有章法可循的，多写就是其中之一。多写不是盲目地练习一个又一个题目，而是归纳总结，找出一类题目的共性。

从模仿开始

写作文千万不要怕人家说你是仿写。通过有目的地仿写作文，我们可以更深刻地领会优秀文章的精髓，更好地指导自己的写作。我有时会直接模仿，也就是在原文的基础上对着结构写。比如我看到一篇写帮助跌倒老人去医院的出租车师傅的记叙文，那我就按照这个行文思路，模仿他的语言风格，自己写一篇帮助摔伤路人去医院的出租车师傅的记叙文。有时当大家都从正面去说这件事情，那么我会试着从反面切入。比如，小孩子是否需要学习《三字经》《百家姓》等，别人说“应该，毕竟是传统国学内容”，那么我会思考如何从反面立意，“不应该在太小的时候学，小孩子的认知还没有完全建立，书中的内容并不能完全理解……”

关注老师的评价

这是我们容易忽视，但是可以提升我们写作水平的一点。有时候，我们只看到了老师打的分数，并没有仔细分析老师给出的评语，而对于老师给出的指导性意见我们一定要看，并且在今后的行文中加以改进。

中考语文是我们将要面对的一个大考，打好基础，掌握学习技巧才能让自己在学习中掌握主动权，找到快乐。语文学习是一个长期积累的过程，付出多，见效慢，并且没有所谓的“捷径”可走。“吹灭读书灯，一身都是月”，只要我们脚踏实地，勤奋认真，吹灭灯火之时，必是满身月华。希望各位小伙伴都能收获属于自己的果实！

在日常学习中为中考奠基

赵亚宁

高考总分：679　语文：131

毕业于内蒙古自治区包头市一机一中

2018年考入北京大学基础医学院

内容导读

语文学习是一个循序渐进的过程，重在积累，不可心急。因此想要学好语文，就要在平日里下功夫。本文着重介绍在初一、初二阶段为中考语文奠定好基础的方法，包括养成良好的学习习惯、针对考试题型的必要积累、初次接触议论文时的写作技巧等几个方面。

我是一名理科生，在我看来，数学、物理等学科更像是帮助我解决生活中的问题的工具，又或者说是一种理性的思维。语文却像是一位老师、一位朋友，有时在引导我们，有时在陪伴我们，这门学科能帮助我们陶冶性情、平和心态，给我一种平静的力量感。语文带给我们的影响将是终生的，它能让我们在得意时保持冷静，在失意时心存希望，能让我们学会与自己独处，学会享受孤独。从这个角度来讲，学好语文对我们来说是至关重要的。而从应试的角度来讲，语文作为一门主学科，在中考中的分值占比较大。也许有人会认为语文这一学科难以拉开分数差距，可事实上，如果你将语文学到极致，那么你就可以在语文这一学科上收获颇丰——难点就在于如何将它学到极致。

语文学习更多的是靠长期的积累，语文成绩绝非短期内刷题、突击所能提高的。很多同学都感受到一种“欲速则不达”的无奈感，前期不重视语文学习，等到语文成绩拖后腿时再想靠突击提高分数就难上加难了。在我看来，初一、初二阶段的语文积累、积淀是对一个人的中考，甚至是高考语文成绩的最有力的保障。下面我就结合自身的学习方法，介绍如何在初一、初二阶段的日常学习中为中考打好基础。

养成良好的学习习惯

大家要摆正心态，学习语文不能带着“功利心”进行，因为在一定程度上，语文是一门“前期投入，后期收益”的学科，很难像物理、数学等科目一样通过短时间突击提高分数。所谓“心急吃不了热豆腐”，大家在学习语文时一定不能抱有这样的想法：我已经努力了这么久，为什么分数还没有提高呢？请相信你当下所做的每一点努力都会在未来对你有所帮助，并且一定要长时间坚持才能有成效。初中一、二年级的学生不用面对升学的压力，学习时间相对充裕，并且有足够长的时间来接受语文的熏陶，形成语感。初中一、二年级学生的优势就在于此。

日常学习中，摘抄是一个重要的习惯。我的初中语文老师为我们介绍了这个方法，我至今十分感谢自己可以养成这一习惯，它对我的影响十分深远。众所周知，在语文考试中，作文始终是重头戏，很多同学想要提分却无处下手，被它拖后腿时简直欲哭无泪。作文就像是一栋摩天大厦，而你拥有的词汇、素材就是砖瓦，只有砖瓦足够丰富才能建造宏伟的大厦。摘抄的内容可以很广泛，从名人事例到名人名言，从散文片段到景物描写，都是可以摘抄的。为什么要摘抄名人事例、名人名言呢？对于初中一、二年级的学生来说，刚刚接触议论文时常常丈二和尚摸不着头脑，所以我们要明确议论文和过去所写的记叙文的区别。议论文需要用清晰的逻辑、充分的论据来论证作者的观点（逻辑这一点我在后文的议论文写作部分具体讲解），论据包括事实论据和道理论据，而名人事例、名人名言通常将这两种论据囊括在内。当我们拥有了充分的知识储备后，论证时自然不愁“有话可说”。需要注意的是，在摘抄素材的选择上要将经典素材和时事素材相结合。张海迪、海伦·凯勒的事例固然有力，但难免使人审美疲劳，这时就需要同学们寻找新的论据。而散文片段和景物描写的摘抄能在无形中提升同学们的文笔、文采，这样的片段在考场作文中也是十分抢眼的。常常摘抄好句、好段能培养我们的审美，久而久之，文笔自然有所提升。我读初中时，常看到一些同学抱着作文素材书或者考场满分作文死记硬背却收效甚微，因为一到考场上脑子就一片空白。俗话说“好记性不如烂笔头”，用书写的方式来记忆素材是我最喜欢的方法。摘抄不必太多，保证每日100~200字即可，但一定要长期坚持。不要认为坚持一件事很难，研究显示，当你重复一件事达到21天时，它就会成为一种习惯，留在你的生活之中。

摘： 听见我叫，那只藏獒也浑身一抖，冷不丁地吓了一跳。我和藏獒面对面，这才发现他额头上的长毛和扭成两坨的粗壮眉毛几乎把眼睛都遮住了，他这会儿正挤眉弄眼，挑起眉毛想把我看清楚。那滑稽的样子让我不禁有点乐了，快乐是很容易拉近距离的，看着藏獒一脸敦厚的卡通表情，我突然对他萌生出一种好感。我慢慢凑近他，轻轻一口气吹开搭在他眼睛上的长毛，一双棕黄色的漂亮獒眼露了出来。他下意识地把大脑袋后仰，一双眼睛重新在我脸上对焦，虎视眈眈，满含对陌生人的警惕和疑惑。作为藏獒，他早已习惯了陌生人对他敬而远之的动作，却很不习惯跟人鼻子对鼻子地观察对方。他盯着我，我也盯着他，两颗心擂战鼓般咚咚乱跳。

感： 对藏獒的神态外形进行描写，使我们看到了藏獒在威武凶猛之下憨厚忠良的一面。而快乐既然能拉近人獒间的距离，当然也能拉近人和人之间的距离。我们不妨多微笑，将快乐传递。

（图为本人初中阅读《重返狼群》时关于细节描写的摘抄及感想）

语文学习中，很多同学容易忽视一个细节，那就是字迹。中考中，字迹虽不会有明确的设分项目，但它其实影响着阅卷老师在看到卷子后的第一印象。这一影响其实在各个学科中都存在，但语文老师对字迹往往更加敏感。在考试中，字迹不一定要多么美观，但一定要做到工整清晰、大方可辨。在考场时间有限的情况下，不少同学难以达到这一要求，那我们就要从平时着手，练就工整的字迹。

另外，要养成记录的习惯。记录也是在为作文打基础。我们在最初学写作文时，就是先学写一句话、一段话，最后连缀成文。其实初中议论文也是如此，况且熟能生巧，写得多了，自然也就写得顺畅了。鉴于同学们时间有限，大家可以每天针对一个分论点进行论证，3天就可以基本完成一篇议论文的主体。虽然刚开始练习时，文章质量不一定很高，但长期坚持一定会有进步。除了练习论证以外，还可以记录身边的小事、美景，这就要求我们提高自己的观察能力。世界上不缺少美，只是缺少发现美的眼睛。很多同学常抱怨写记叙文时无从下笔，但是读考场满分作文时就能发现，初中生所写的记叙文往往不会叙述宏大的事件，不过是将日常生活中的小事在笔下放大。当我们养成观察生活的习惯后，我们便善于发现生活中的点滴并将其聚焦在笔下，这样写出的作文就不会苍白空洞了。

针对考试题型做积累

谈完日常的语文学习习惯的培养，接下来我从考试中不同题型的角度，来谈如何在日常学习中针对题型做好准备。

对于想要追求高分的同学来说，基础知识部分不可丢分，而基础知识部分的难点就在于成语运用和病句修改。成语运用往往有以下几种设误方向。

（1）望文生义。如“告别时，这位服装个体户一定要送我几件高档的衣服，真是大方之家。”“大方之家”指专家学者，句中误理解为“出手大方的人”。

（2）意思弄反。如“如果能掌握科学的学习方法，就会收到事倍功半的效果。”“事倍功半”形容花费的气力大，收到的成效小，与句子意思相反，应该改为“事半功倍”。

（3）张冠李戴。如“虽然他是残疾人，但我们不能对他刮目相看。”“刮目相看”是指用新的眼光来看待，与语义不符合，按句子意思可以改为“另眼相看”。

（4）色彩不当。如“正因为他具有自命不凡的崇高理想，才在工作中取得了出色的成绩。”“自命不凡”意为自以为很了不起，含有贬义，用在句中形容崇高的理想有误。

掌握了设误方向就能在答题时做到心中有数，那么平日里我们又能做哪些准备呢？大家在做题时，遇到选项中不熟悉的成语一定要查阅成语词典，这样做一道题就可以掌握4个成语。查阅时，我们应重点关注成语的本义和引申义。在平时的练习中出现错题时，我们一定要用不同颜色的笔及时标注，以便复习。我们还要常常翻看错题，这样才能牢固掌握。

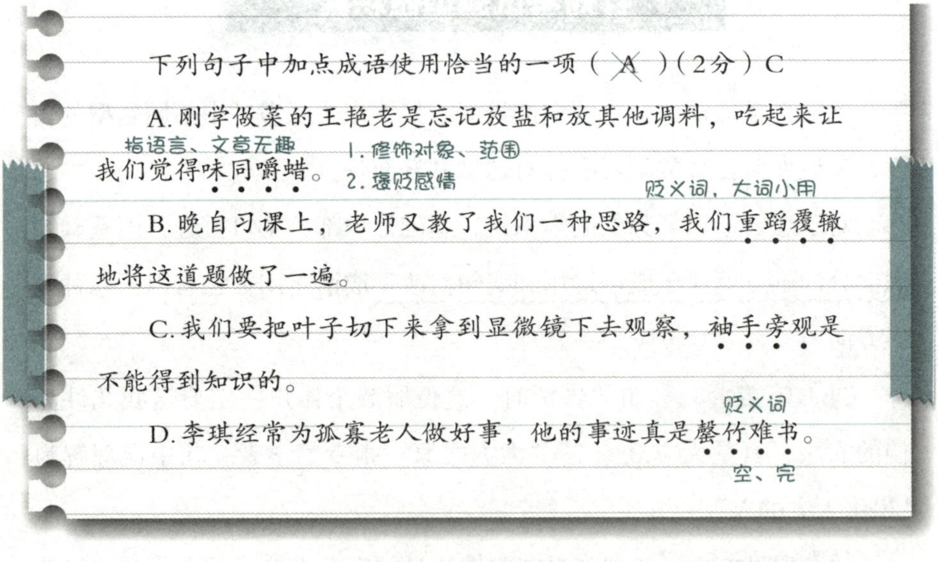
下列句子中加点成语使用恰当的一项（ A ）（2分）C

A. 刚学做菜的王艳老是忘记放盐和放其他调料，吃起来让我们觉得味同嚼蜡。

B. 晚自习课上，老师又教了我们一种思路，我们重蹈覆辙地将这道题做了一遍。

C. 我们要把叶子切下来拿到显微镜下去观察，袖手旁观是不能得到知识的。

D. 李琪经常为孤寡老人做好事，他的事迹真是罄竹难书。

（图为本人对成语错题的标注方法）

病句的处理方式和成语相似，只是设误方向不同。病句题常见的设误方向有语序不当、搭配不当、成分残缺或赘余、句式杂糅、表意不明、不合逻辑等，其中不合逻辑又分为自相矛盾、范围不清、主客颠倒、否定不当、两面失衡5个方面。

1. 这里的情况，对于我们已经很熟悉。（应改为：对于这里的情况，我们已经很熟悉。）

2. 晚会过后，她那优美的舞姿，动听的歌声，还回响在我耳边。（应改为：晚会过后，她那优美的舞姿浮现在我的眼前，那动听的歌声还回响在我的耳边。）

3. 通过特级教师的这次讲课，对大家的启发很大。（缺少主语，应去掉“通过”或“对”。）

4. 减轻学生的课业负担，是目前中小学教学工作的当务之急。（“目前”和“当务之急”中的“当”重复，可删去“目前”。）

5. 我们保持环境卫生是每个公民的义务。（该句把“我们保持环境卫生”和“保持环境卫生是每个公民的义务”两句杂糅在了一块，可删去“我们”。）

6. 有人主张接受，有人反对，他同意这种主张。（句中的“这种主张”到底是接受还是反对，交代不清。）

7. 据统计，地球上的森林每天大约有2000万公顷左右被砍伐或毁坏。（“大约”和“左右”重复，删去其中一个。）

8. 玉树大地震发生后，党和国家领导人心系灾区，不仅赴现场指导救灾工作，还派人给灾区群众送来了各种各样的救援物资和食品。（“救援物资”包括“食品”。）

9. 人的健康对于睡眠，就像呼吸和心跳一样重要。（“人的健康对于睡眠”改为“睡眠对于人的健康”。）

10. 司机师傅要控制车速，以防止追尾事故不要再次发生。（“防止”的应该是“再次发生”，所以应该去掉“不要”。）

11. 是否努力学习是取得优异成绩的关键。（句子前后不照应，前面是双方面的“是否努力”，后面是单方面的“优异成绩”，应该在“取得”前面加上“能否”或去掉“是否”。）

中考语文的难点之一是文言文阅读，同学们可以把它当作一门新的语言来学习。如同英语学习中我们要掌握词汇和语法两大主线一样，文言文的学习同样要掌握词义、语法等内容。词义的重点是需要把握课本中文言文的注释，这些都是文言文中词语解释部分的高频词。此外古今异义词也需要重点记忆，例如“走”在古代汉语中表示跑，“妻子”在古代汉语中表示妻子和孩子。在语法方面，初中阶段并不要求同学们熟练辨析各种倒装句，但同学们对此略有了解会对阅读文言文有所帮助。常见的特殊句式有宾语后置句、定语前置句等，这是文言文与现代汉语的不同点。下面我以课内的一段文言文《桃花源记》为例，来为大家示范平日里学习文言文的技巧。

晋太元中，武陵人捕鱼为业。缘溪行，忘路之远近。忽逢桃花林，夹岸数百步，中无杂树，芳草鲜美，落英缤纷。渔人甚异之，复前行，欲穷其林。

林尽水源，便得一山，山有小口，仿佛若有光。便舍船，从口入。初极狭，才通人。复行数十步，豁然开朗。土地平旷，屋舍俨然，有良田、美池、桑竹之属。阡陌交通，鸡犬相闻。其中往来种作，男女衣着，悉如外人。黄发垂髫，并怡然自乐。

见渔人，乃大惊，问所从来。具答之。便要还家，设酒杀鸡作食。村中闻有此人，咸来问讯。自云先世避秦时乱，率妻子邑人来此绝境，不复出焉，遂与外人间隔。问今是何世，乃不知有汉，无论魏晋。此人一一为具言所闻，皆叹惋。余人各复延至其家，皆出酒食。停数日，辞去。此中人语云："不足为外人道也。"

既出，得其船，便扶向路，处处志之。及郡下，诣太守，说如此。太守即遣人随其往，寻向所志，遂迷，不复得路。

南阳刘子骥，高尚士也，闻之，欣然规往。未果，寻病终。后遂无问津者。

同学们应在文中将重点实词标记出来，刚刚接触文言文时还需要用分隔号将主谓宾等成分分割开来，以便于理解。此文中需要重点掌握的知识点如下。

一词多义

出：(1) 不复出焉（出去） (2) 皆出酒食（拿出）

寻：(1) 寻向所志（动词，寻找） (2) 寻病终（随即，不久）

舍：(1) 便舍（shě）船（离开） (2) 屋舍（shè）俨然（名词，房屋、客舍）

中：(1) 中无杂树（中间） (2) 晋太元中（年间） (3) 其中往来种作（里面）

之：(1) 忘路之远近（助词，用在定语和中心词之间，可译为"的"）

(2) 闻之，欣然规往（代词，"这件事"）

(3) 处处志之（语气助词，不译）

为：(1) 武陵人捕鱼为（wéi）业（动词，作为）

(2) 不足为（wèi）外人道也（介词，对，向）

(3) 此人一一为（wéi）具言所闻（介词，对，向）

遂：(1) 遂与外人间隔（于是） (2) 遂迷（终于） (3) 后遂无问津者（就）

得：(1) 便得一山（得到，引申为看见） (2) 得其船（得到，引申为找到）

闻：(1) 鸡犬相闻（听见） (2) 闻有此人（听说）

词类活用

尽（林尽水源）：形容词用作动词，消失。

异（渔人甚异之）：形容词的意动用法，对……感到诧异。

前（复前行）：方位名词用作状语，向前。

穷（欲穷其林）：形容词用作动词，穷尽，走到尽头。

志（处处志之）：名词用作动词，做标记。

果（未果）：名词用作动词，实现。

语（此中人语云）：名词用作动词，告诉。

通假字

要（便要还家）：同"邀"，邀请。

古今异义

从来（问所从来）：古义，从哪里来；今义，从过去到现在（多用于否定式）。

无论（无论魏晋）：古义，不要说，（更）不必说；今义，连词，表示在任何条件下结果都不会。

绝境（率妻子邑人来此绝境）：古义，与人世隔绝的地方；今义，没有出路的境地。

交通（阡陌交通）：古义，交错相通；今义，运输事业。

古汉语句式

(1) 判断句

例：南阳刘子骥，高尚士也（"也"表判断。句意：南阳刘子骥是高尚的名士。）

(2) 省略句

见渔人，乃大惊，问所从来。具答之。便要还家，设酒杀鸡作食［是"（村人）见渔人，乃大惊，问（渔人）所从来。（渔人）具答之。（村人）便要（渔人）还家，设酒杀鸡作食"的省略。句意：（村人）看见了渔人，感到非常惊讶，问他是从哪儿来的。（渔人）详细地回答（村人），（村人）于是邀请他到自己家里去，摆了酒，杀了鸡来准备食物款待他。］

这样，我们便将一篇文言文分解为具体的知识点，达到了“目无全牛”的境界。

在记叙文阅读方面，一要提高阅读速度，二要牢记答题模板。我提高阅读速度的方法是在阅读时边读边在脑海中营造画面，一开始可能会觉得很难，甚至要花费不少时间，但加以练习后你就会发现这能提高你的阅读速度，而且画面的想象有助于你理解文义、揣摩作者的情感。至于牢记答题模板，我认为语文是一门既“活”又“死”的学科，“活”自然是因为语文的理解是灵活变通的，“死”是因为有一部分知识不得不靠死记硬背，这就有了答题模板。以文章开头的作用为例，条数之多令人头疼，但也不是完全没有技巧可循。一个人有他的皮相、形体、灵魂和骨相，那么就把人分为皮、肉、魂、骨4部分来描绘。一个好的开头也是这样，“皮”通常包括一些修辞手法的使用，如比喻、排比等；“肉”即是内容，如开头交代了背景，交代了人物，等等；“魂”则是主题方面的，如表达了作者怎样的情感，体现了主人公怎样的性格，奠定了怎样的感情基调，等等；“骨”的作用是连贯全文，如为后文某情节做铺垫，引出下文怎样的情节，等等。这样就把答题模板记忆下来了。需要注意的是，答题的时候不能仅套用模板，还要加上具体的理解，如上文所说“某情节”就要具体概括出文段中该情节的内容。

说明文阅读相对记叙文较为简单，同学们把握好说明顺序、说明对象、说明方法，一切即可迎刃而解。

议论文写作需要逻辑

由于同学们到了初中才会接触议论文写作，因此议论文写作自然成了难点。上文中我已给出积累论据的方法，下面谈谈逻辑。中考作文常见的写法是递进式和总分总式：递进式虽讨巧，但运用难度较大，还容易被阅卷老师误以为思路不清晰，此处不做推荐；总分总式的结构却是清晰、可驾驭的。如将一篇文章分为3个部分：第一部分一定要尽早亮明观点，不可拖沓，可以使用一定的修辞手法来吸引读者的注意；第二部分将总论点拆分为3个分论点并分别加以论证，论证方法的使用在此处是重头戏，尽量使比喻论证、对比论证、举例论证、道理论证都有所体现，论证方法多样，则论据充分；第三部分总结全文，再次强调观点，必要时升华主题。这样，一篇文章就完成了。以上就是议论文的写作逻辑，大家多多加以运用，一定可以熟能生巧。

课外阅读

课外阅读量的积累虽不能直接体现在试卷上，但能在无形中影响我们。课外阅读也是初中一、二年级学生的优势所在，这时的我们对阅读保持着高度的兴趣和好奇，有足够的时间静下心阅读，因此可以多阅读一些自己感兴趣的书籍，只要是宣扬真善美的文章就可以广泛阅读。我很喜欢一本书——《叶嘉莹说杜甫诗》，与它同系列的还有《叶嘉莹说汉魏六朝诗》《叶嘉莹说初盛唐诗》等。诗歌鉴赏能力是语文学习中的一种重要的能力，这一系列书将课本上出现的诗同诗人的生平联系起来，无形中提升了我对诗歌、古文的理解能力。

总之，要想学好语文就要早做努力，在日常学习中下功夫，并做好长期坚持的准备，结合技巧与理解击破初中语文学习的难点。

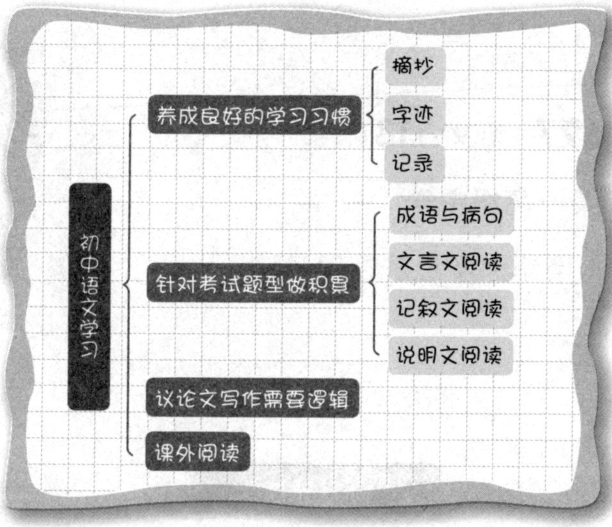

合抱之木，生于毫末
——语文基础题解题技巧

王 辰

高考总分：677 语文：131

毕业于淮阳第一高级中学

2017年考入清华大学经济管理学院

内容导读

作为三大主学科之一，想要学好语文不仅要养成良好的阅读习惯、扩大阅读面和增加阅读量，还一定要做到多写、多看、多练习。“合抱之木，生于毫末；九层之台，起于累土；千里之行，始于足下。”只有花时间去积累知识点，再多做题，才能够在中考语文考试中取得一个好成绩。而很多同学之所以成绩差就是因为忽略了对基础知识的学习，导致基础薄弱。认真读书，不仅是读课堂所学的教材，还应该读课外书。所以人们经常说，功夫在课外。勤阅读，多动笔，广积累，这是我们学好语文的秘密武器，也是经过实践检验的有效方法。

语文基础积累有方法

语文作为三大主学科之一，有着举足轻重的地位，在初中就打好语文基础，更是有利于今后的语文学习。语文基础知识涉及的范围非常广泛，学好语文不能靠临时突击，要靠平时重视对基础知识的掌握，多积累，多归纳，才能做到“厚积薄发”。初中语文基础题考查范围广泛，有字音、字形、词语、句子、篇章、标点符号、修辞手法、文学常识、语法应用等，我们要分别掌握这些知识，就要多读，多写，多摘录，多归纳。语文学习讲究的是厚积薄发，培养学科思维和良好的学习习惯特别重要，而很多同学恰恰缺少这方面的经验。我根据自己的实战经验写成这篇文章，跟大家分享一下如何掌握基础，学好语文。

找到你的兴趣

一般来说，如果你能找到喜欢学习的东西，你会对学习更感兴趣。当你自然地被某件事吸引时，比如自己喜欢的课程，你会产生一种学习的内在动机——发现兴趣所在能使你的学习更成功。所以，我们首先要给自己树立一个期望——培养语文学习的兴趣，不要把语文学习当作一件强制的事情去做。“百学须先立志”，无论做什么事都要有明确的目标，学习尤其如此。关于树立目标，通常从可以达到的小目标开始，即在学习之初，学习目标不可定得太高，这样，不断地进步会提高学习的信心。不要期望在短期内学好语文，语文的学习积累是永无止境的。

学会梳理总结

学会了总结，就学会了学习。只要我们记背知识点时也明白这个道理，就可以在平时的学习中不断巩固，以达到事半功倍的效果。可为什么大部分的同学总是没有行动起来呢？我觉得一是因为没有充裕的时间，二是没有合适且感兴趣的整理方法。传统的整理模式比较机械单一，大家容易觉得乏味，自然缺乏动力。在此，大家可以尝试构建思维导图。在复习阶段，针对整本语文书，我常常在本子上写写画画，不断地回忆、总结，逐篇逐章梳理，寻找自己的薄弱点，再在此基础上有针对性地完成不同题型的复习任务。

处处留心皆学问

我手里有很多不同种类的积累本，单就语文来说，有专门积累生词、生字、文学常识的本子，有积累作文素材和好句好段的本子。我常常在读完课文以后，把一些难理解或者常常忘记用法的词语记在本子上，还有一些特殊用法的句子、易错字和关联词等。每次考试和检测，我也是只抄录那些晦涩难懂的字词去反复记忆。遇到让我们在横线上填写恰当的字词类型的题目时，我不仅会抄录正确的词，也会抄录并修改错误的选项，以提醒自己出题人设置障碍的“点儿”在哪里。如此每天反复背诵阅读，时间久了，这些积累的成效便开始慢慢展现。在做新的填写字词类型的题目时，我发现自己的字词掌握量有明显的提升，做语文基础题也越来越有满足感和成就感。初中语文基础题难度较低，要求掌握的词汇量较少，题型也比较固定。所以，我建议大家一定要打好基础，这对今后的语文学习有莫大的帮助。一个好的开始，会让你赢在起跑线上。

语文基础题七大题型和做题技巧

想要在语文考试中获得高分，必须在平时将各类知识点掌握到位，通过“临时抱佛脚”的方式来提高语文成绩是万万行不通的。就初中语文考试而言，对字词的考核仍然是基础知识考查中重要的一项，相信很多同学也都清楚，字音注释、修改错别字、成语、选词填空、修改病句、句子排序、标点符号等是初中语文学习的重难点。在这里，我将和大家分享这7种题型的做题技巧。

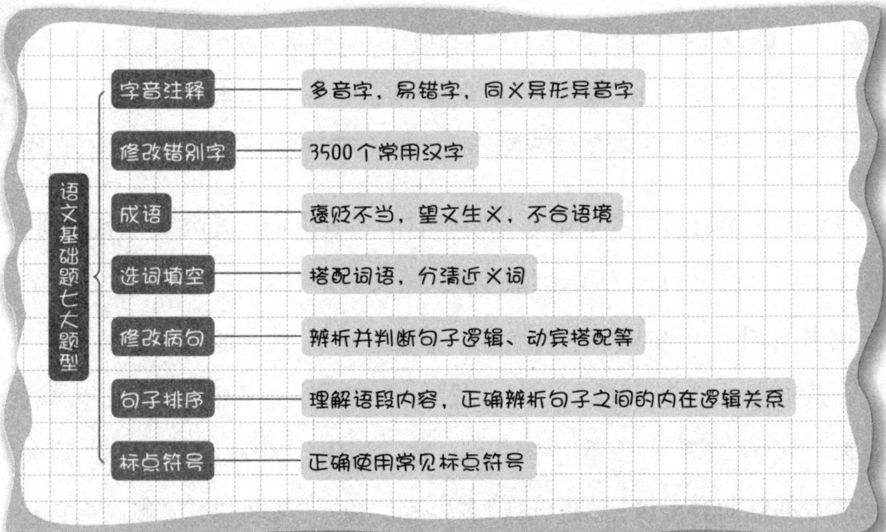

字音注释

在中考语文试卷中，字音注释是以选择题的形式出现的，考查我们识记和辨别多音字、因偏旁部首而容易读错的字、同义异形异音字、声调易错的字、常用书面词语中的难字等的读音的能力。

做这类题的时候，一是依靠自己学习过的字词，二是依靠自己在学习中积累的字词。如果注音掌握不牢固，就去读生僻字，把课本中难写难读的字词全部标注出来，遇到不熟悉的字词就反复读、反复写，直到完全掌握。不仅要注意课文中出现的字词，但凡阅读中遇到的成语我都会逐个查询再记到本子上，在早读或者课下记一记。对整本书进行梳理的方法对于其他学科也特别有用。我们来看下面这道题目。

下列词语中加点的字，注音全都正确的一组是（　　）

A. 绮（qǐ）丽　　箴（jiān）言　　乳臭（xiù）未干

B. 擂（lèi）台　　皎（jiǎo）洁　　卷帙（zhì）浩繁

C. 戕（qiāng）害　　璞（pǔ）玉　　塞（sài）翁失马

D. 踪迹（jì）　　姊（jiě）妹　　载（zǎi）歌载舞

看到这类题目，我通常会先明确它的考查方向：需要识记和辨别多音字、因偏旁部首而容易读错的字、同义异形异音字、声调易错的字、常用书面词语中的难字等的读音。首先，多音字是这道题目考查的重点，共出现了“臭”“擂”“塞”“载”4个多音字。其中“载”在“载歌载舞”“怨声载道”“载重”中读zài，在“刊载”“记载”中读zǎi。其次，因偏旁部首而容易读错的字也较多，有“绮”“箴”“皎”“帙”4个字。

汉字有许多形声字，其读音可能确实和偏旁部首有关。但我们回想一下以前老师所说的“有边读边”的经验，发现在这里也是不灵验的，如“箴”读zhēn，与“针”同音，是规劝、告诫的意思。解这道题要从易到难，采用排除法，只要断定有一个字错了，就可毫不犹豫地否定该选项。根据“箴”读zhēn，可以排除A项。“姊妹”的“姊”读zǐ，和“秭归”的“秭”同音，与“姐”是同义异音异形字，是比较容易判断的，所以排除D项。“璞玉”中的“璞”读pú，这也是我们所能知道的，又排除了C项。所以，正确答案为B项。答题时，我们需排除干扰，认真比较。

注意

1. 注意形近字的读音。
2. 注意读音与声旁不一致的形声字的读音（中考题更多检测这一类字）。
①声旁与本字的声母、韵母相同而声调不同。
②声旁与本字的声母相同而韵母不同。
③声旁与本字的韵母相同而声母不同。
④声旁与本字的声母韵母均不同。
3. 注意多音字的读音。
4. 注意一些字方言与普通话的读音区别。

修改错别字

关于错别字，我想它应该是大家学习时最为头疼的一个点了。平时写字偶尔粗心都会写错别字，更别说让我们去辨别错别字了，这简直是火上浇油。我们要认识的常用汉字有3500个，其中有3000个左右要求我们会写，这个任务看似困难实则容易。我们只要能正确辨识形近字，掌握成语（或4字词语）中的关键字，结合词语（短语）的意思或句子的语境辨识字形，在考试时就不会犯难。我们来看下面这道题目。

下列词语中，没有错别字的一项是（　　）

A.庸碌　锋芒毕露　赃物　吹毛求疵

B.杀戳　一泻千里　恣睢　冥思暇想

C.沉湎　苦心孤诣　驻立　顾名思意

D.谰语　获益非浅　急燥　声名狼藉

大家看到这类题目不要烦躁，应细致沉着，保持良好的心态，认真地把词语挨个读完。在做题时，我常常会运用排除法，把自己确定有误的答案率先排除在外，为自己做其他题目留出时间。这道题的正确选项为A项。我们看一下B项，“杀戳”的“戳”应为“戮”，因为“戳”与“戮”是形近字，我们容易混淆。“冥思暇想”的“暇”应为“遐”，对“暇”与“遐”的字义如果不甚清楚，就会造成混用，这是我们在学习中遇到的重点字词，希望大家把这些字词掌握牢固。C项“驻立”的“驻”应为“伫”，意为“长久地站着”。大家想象一个人长久地站着，那么这个“伫”字的偏旁部首应该是什么呢？自然是单人旁。由此可见，根据词义进行联想是一个很好的方法。另外，“顾名思意”的“意”应为“义”，从事物的名称联想到它的含义，所以“义”是“含义”的意思。D项“急燥”的“燥”应为“躁”。大家想象一下，你在着急的时候会急得直跺脚，所以是足字旁。另外，“获益非浅”的“非”应为“匪”，“匪”是一个通假字，解释为“不，非”，希望大家牢记。

汉字中有许多音同、音近、形近的字都有共同的声旁，所以只要抓住形旁加以辨析，就不会用错字。如“鹰”和“膺”，前者从“鸟”部，表示它与鸟有关；后者从“月”部，意为“胸，胸中”。知道了这些，就不会把“义愤填膺”中的“膺”错写成了“鹰”。汉字还有很多的记忆技巧，只要我们善于发现、找到技巧就很容易把握了。

小贴士

错别字辨认方法

1. 以音辨形。
2. 以义辨形。
3. 抓住形旁，辨义选字。
4. 根据词语的结构推断字形。
5. 由语境推断字形。

成语

成语的理解与运用题是中考常考题，考查的也是我们容易记不准确、掌握不牢的内容。出题的点一般有褒贬不当、望文生义、不合语境等，如何去分辨呢？我们举例子来说明。

下列句子中加点成语使用不恰当的一项是（　　）

A.《白杨礼赞》语言流畅、文笔优美，是一篇脍炙人口的散文佳作。

B. 中华民族在任何内忧外患、艰难险阻面前，都表现出了坚韧不拔、不可战胜的英雄气概。

C. 提到环城河近几年的变化，管委会的老马夸夸其谈，充满了建设者的自豪。

D. 也有解散辫子，盘得平的，除下帽来，油光可鉴，宛若小姑娘的发髻一般，还要将脖子扭几扭，实在标致极了。（摘自鲁迅《藤野先生》）

我们看一下A选项中的“脍炙人口”，这里用的比喻义，指“人人赞颂和传诵”。A句语境说的是《白杨礼赞》得到人们的夸赞，用“脍炙人口”应是恰当的。做题时一定要明确成语的意思，并且要带入具体的语境去品析其使用是否合理。B选项中“坚韧不拔”指意志坚强，决不动摇，用来形容中华民族也是非常恰当的。我们再看C选项，其中的“夸夸其谈”从感情色彩上来说是贬义，而它和句中的“自豪”等词是不协调的。这需要我们结合语境去分析，看前后表达的意思是否一致。D选项中“标致”在感情色彩上是褒义贬用，表达了鲁迅先生对醉生梦死、耽于玩乐的清朝学生的愤慨和嘲讽，在这个句子中也是使用合理的。因此，此题的正确答案为C选项。

有些成语形式很相近，但意义不同，容易混淆，或者成语意思与句意重复啰唆或是前后矛盾，等等。很多同学常常因为不理解成语的准确意思，或只了解了字面意义，不了解引申义、比喻义而错用了成语。面对这样的问题，我的解决办法就是多记、多背，集中训练这一类题目，并且把成语记下来，记清楚容易怎样误用，在早读的时候再重新复习一遍；或者在课下和同桌互考，当作玩游戏，不仅能放松精神，还能加深记忆。

选词填空

对于选词填空题，我特别注意用积累本总结考查点，分析题目和错因，学会把题目简化，学会发现上下文中隐含的信息。长久累积下来这些思路，能让你在解题时习惯性地去捕捉这些“暗示”，这些“暗示”正是你正确答题的关键之一。我建议大家对题目进行关键词标记，也就是用几个关键词在题目上方标记出该题目的考点，并在下方适当留下空白的区域，以后再遇到类似的题目可以及时补充在下面。每次补充类似题目的时候都要纵向比较、分析这些题目，慢慢地你就会发现，其实很多题目的“套路”都是类似的，甚至有时候你会依题溯源：发现出题人的灵感来源。对题目的灵敏感知是应试教育中非常重要的一种素质。选词填空会考查什么呢？我们来看下面这道题。

填入下列句子的横线上的词语最恰当的一项是（　　）

①圣母殿宽七间、深六间，极为________，却无一根柱子。

②在影响学生的内心世界时，不应挫伤他们心灵中最________的角落。

③著名作家叶文玲曾经满腔热忱地________中学生：“不管写长文章或短文章，都要从心里写，要从心里流出来。”

A.宽敞　敏感　告诫　　B.宽敞　敏锐　训诫

C.宽阔　敏锐　告诫　　D.宽阔　敏感　训诫

看到这道题，我会先辨析词义，从同中求异，可以从词性、词义的轻重、词的感情色彩等方面对词义进行辨析。“宽敞”和“宽阔”同有“大”之意，但也存在一定的区别。“宽敞”一般指室内，“宽阔”多用于指室外，如水面、草原等，所以根据句子情况，应选用“宽敞”。再看“敏锐”和“敏感”，它们也是在相同中存在着区别。我们看搭配，“敏锐”一般同“观察力”“眼神”等词语搭配，而“敏感”一般同“神经”等词语搭配，所以形容学生的心灵时可以用“敏感”。实词语义有轻重差别，适合不同的语境，如果能准确把握词义的轻重程度，再结合具体语境，就比较容易做出正确的选择。比如第三个句子中，“告诫”和“训诫”两词同有劝诫之意，但是“训诫”一词还有“教训，训导”之意，所以结合语意轻重，这里应选择“告诫”。所以，这道题的正确答案是A。

修改病句

大家在做修改病句题时常常会依靠语感，并按照自己的表达习惯去判断，对句子为什么错了并不能给出清楚的解释。对于病句，中考语文试卷只考选择题，并没有要求修改，所以我们能辨析并判断句子的正误就可以了。我们来看下面这道题。

下列句子没有语病的一项是（　　）

A. 微笑是一曲动人的音乐，它让我们的生活充满了温馨。

B. 每当站在中国地图前，使我产生无尽的联想。

C. 经过精心筛选和广泛征集，北京奥组委最终确定“福娃”为北京奥运会的吉祥物。

D. 国家免收义务教育阶段学生的学杂费，这一举措降低了家长的经济负担。

这道选择题的命题从成分残缺、语序颠倒、搭配不当3个方面各给了一个干扰项，正确答案为A。成分残缺，一般都是缺主语或宾语。比如B句一个“使”字使成分残缺，缺少主语“我”。C句语序颠倒，应为

"广泛征集和精心筛选"，这种逻辑错误经常在试题中出现，我在这类题目上栽了几次跟头以后就再也没出过错了。D句，动词"降低"与名词"经济负担"搭配不当，按照搭配来说，应该把"降低"改为"减轻"。解答这道题，首先要明确本题选出"没有语病的一项"的题干要求，其次可以用排除法找出有语病的3项，然后就确定了正确的选项。我们应多做训练，反思自己的错误，勤于收集、整理优质题目，在这个过程中不断提高自己对病句的感知能力，以后遇见难题就能迅速发觉题人的思路，迅速提炼关键信息并找到突破口。常见的病句类型如下。

常见的病句类型

1. 成分残缺：一般都是缺主语或宾语。

①出现这些词语的句子一般都是缺主语："通……""经……令（让、把）……"等。

②缺宾语的句子一般是句子结尾不完整。

2. 用词不当：主要是指词的感情色彩不当或关联词不当。

①感情色彩不当（或褒贬不当、或轻重不当、或大小不当、或近义词错用等）。

②有关联词的句子需要注意关联词的搭配。

3. 搭配不当：多指主谓搭配不当、动宾搭配不当、修饰语与中心词搭配不当等。（可分析句子成分）

4. 乱用否定词：一般句子中出现多个否定词就要注意了。

5. 前后矛盾：句子中出现"能否、是否、能不能、有没有、可否"等词语就要注意了。

6. 语序不当。

①词序颠倒。

②关联词前后的内容逻辑混乱。

7. 重复啰唆。

句子排序

很多同学面对句子排序这类题目很苦恼，一想到要把排列错乱的句子整理成一段通顺连贯的话，就不知该从何处着手。看到题目，我们先要反复阅读，不要急于求成，只有在读懂的情况下才能够弄明白句子之间的内在联系。我们可以先考虑一下几个句子重点写了什么事，有哪些步骤等，只有这样仔细阅读，才可以找到句子与句子之间的内在联系，把握句子的排列顺序。例如下面这道题。

我独坐在书斋中，忘记了尘世间一切不愉快的事情，怡然自得，以世界之广，宇宙之大，此时却仿佛只有我和我的书友存在。(　　)

①阳光照在玉兰花的肥大的绿叶子上。

②连平常我喜欢听的鸟鸣声“光棍好过”，也听而不闻了。

③窗外粼粼碧水，丝丝垂柳。

④这都是我平常最喜爱的东西，现在也都视而不见了。

A.③①④②　B.①②③④　C.①③④②　D.③④①②

这道题目涉及空间关系——由室内到室外，涉及逻辑关系——由一般感受到较深层的感受。做题时，应在把握语段整体意思或语境的前提下，结合有关选择或分析，或排除。我们先看整体语段的基本内容和意境——独坐

小贴士

句子排列要注意的几个方面

任何文体的文章，在描写、叙述、议论、抒情或说明时，总要遵循一定的表述法则。

在做题的过程中，根据表述内容的不同，通常要考虑到这样一些行文规律，如时间的先后（或后先）、空间（里外、表里、高低、低高等）、心理（悲喜或喜悲等）、事理（轻重、重轻、大小、小大、感性到理性、理性到感性等）、逻辑（因果、果因、具体到抽象、抽象到具体、一般到个别、个别到一般等）等。

书斋，怡然自乐，唯书为友。在此情趣之下，自己平时喜好的一些东西也视而不见、听而不闻了。再看所给的4个句子，它们相对独立地构成一个语段，与前面已给定的内容在语法、结构等方面没有直接联系，主要联系体现在意蕴上，这是一种内在联系。这4句都是写室外的所见、所闻，那么“窗外”一词极有可能就是由所给定内容（室内以书为友）到要求排序内容（室外景象及感受）的过渡，从而初步确定③句为首。③句与①句皆为所见景象，应连在一起；②句与④句皆为感受，应在其后。④句开头有指示代词“这”，而内容与“所见”直接相关，自然应放在①句之后；②句写听觉，是对视觉感受的进一步深入，可放在最后。故这道题的答案为A。

标点符号

标点符号是中考语文选择题中比较需要“动脑子”的题。其实标点符号的出题方式比较固定，常见的错误用法就那么几种，因此我们只要掌握了正确的方法和技巧，标点符号题就会成为一道简单的“送分题”。我用下面这个例子让大家直观地感受一下此类题目。

下列语句中标点使用正确的一项是（　　）

A.上海世博会是继北京奥运会之后中国举办的又一世界盛会，主题是“城市，让生活更美好。”

B.上海世博会山东馆的主题为《齐鲁青未了》，寓意是齐鲁文化之树常青、城市发展之树常青、和谐生活之树常青。

C.计算机显示屏上，一个超级斗拱在关注的目光中缓慢旋转，整体与细部、鸟瞰与侧面、个体与环境，无不展现中国文化的内在魅力和哲学思考。

D. 东道主人民的文明程度，不仅代表个人素质高低；而且关系到世博会能否圆满成功。

做这类题目时，我们只要记住常见错误和某些标点的常见用法就可以了。有些句子虽然有疑问词“谁”“什么”“怎么”等，但不一定要用问号，只要是陈述句，句末就不能用问号。邻近的两个概数之间不能用顿号。选择问句中间的停顿不能用问号，用逗号。引用诗句、对联时，引号里面不用标点……A句中引号内句号应放在引号外面；B句主题应用引号，不能用书名号；D句“不仅”和“而且”中间不能用分号。因此，这道题的正确答案是C。

总结

勤阅读，多动笔，广积累，是我在中学阶段学好语文的秘密武器，也经过了实践的检验，相信对每位同学都能有所帮助。最重要的是希望同学们认真坚持，这些看起来不费功夫的小事坚持起来并不容易，但是我可以做到，相信你也可以做到！

吟安一个字，捻断数茎须

徐丽博

高考总分：627　语文：117

毕业于黑龙江省牡丹江市穆棱市第一中学

2018年考入北京大学外国语学院

内容导读

比起高中3年时间紧迫且较为“功利”地套用模板提升分数，初中3年的时间相对宽裕，是同学们真正提升语文素养的黄金时期。我们先站在出题人的角度，看看对于中学生诗歌鉴赏，他们究竟提出了什么样的要求：诗歌教学的重点是提高学生的诗歌鉴赏水平，诗歌鉴赏是指欣赏和评定诗歌作品的能力，是对诗歌作品的思想内容、艺术特色、作家风格、作品意义等方面给予正确的欣赏和评定。我们以诗歌鉴赏中的要求为基础，讲一讲如何提升初中生的诗歌鉴赏能力。

双管齐下

通过解读出题人的要求，我们不难看出，诗歌鉴赏的过程分为两部分，第一是欣赏，第二是评定。欣赏就是在理解的基础上，构建出意象感知和情感理解的框架，而评定就是在欣赏的基础上进行理性归纳，从欣赏到评定，是美学感性体验到理性抽象升华的过程。因此，在诗歌鉴赏的过程中，学生既需要具有抽象的美学感知能力，又需要根据诗歌特点掌握科学的鉴赏方法和思路，体现在卷面上就是用于应对不同类型诗歌、不同类型题目的不同思考方式。下面，我就从这两方面着手与大家讨论应该如何提升初中生的诗歌鉴赏能力。

抽象的美学感知

从细微之处体察情感

我们都知道，比起现实生活，文学作品所表现的内容往往更为集中、更为典型、更为密集，诗歌也不例外。而语言本身具有一定的局限性，并不能够完全表达一个人的思想境界，因此庄子有云“语之所贵者，意也。意有所随。意之所随者，不可以言传也”。古人常常感叹“言不尽意”，而追求“得意忘言”。既要充分利用语言文字，又要避免言不及义，所以古代诗人会借助语言文字的象征、想象、联想、暗示、双关、用典等手法，来倾吐“弦外之音”，久而久之就形成了“意在言外”的潜意识共识。诗歌语言凝练，格律较为严谨，表达的感情丰富饱满；但诗歌相较于其他文学题材，不可谓不含蓄，许多情感都展现于细微之处。这对于学生的要求不可谓不高。

如李商隐的《锦瑟》：“锦瑟无端五十弦，一弦一柱思华年。庄生晓梦迷蝴蝶，望帝春心托杜鹃。沧海月明珠有泪，蓝田日暖玉生烟。此情可待成追忆，只是当时已惘然。”这首诗通篇用典极多，语言委婉含蓄，理解这首诗需要有一定的文学素养、观察力和共情能力。下面我们就用从细微之处体察情感的方法来分析一下这首诗。开头“锦瑟无端五十弦”，锦瑟本有二十五弦，“五十弦”有断弦之意，结合男子续妻为“续弦”，可知“断弦”是妻子逝世的委婉语。“一弦一柱思华年”，每一根弦、每一根柱都让我想起了曾经的美好岁月，表达了李商隐对亡妻的思念和对美好年华的追忆，借物起兴，奠定了全文悲伤惆怅、举重若轻的基调。“庄生晓梦迷蝴蝶，望帝春心托杜鹃”借用庄生梦蝶和望帝化鹃的典故比喻自己一生政治抱负难以施展，美好爱情宛若云烟，此时追忆一生犹如一场短暂的梦境。“沧海月明珠有泪，蓝田日暖玉生烟”，宝珠般的才能却只能被遗忘在茫茫沧海的偏僻角落，怀才不遇的艰辛只能化作血泪，但是如同和田蓝玉一般的文采会光耀于后世。“此情可待成追忆，只是当时已惘然”，用抒情感叹作为结尾。前三联中作者并不直抒胸臆，而是借助含蓄内敛的典故与具体意象抒发情感，如果我们注意不到这些信息量密集的细微之处，可能通篇读下来只会懵懵懂懂，不解其意。

诗歌的象征主义

1. 诗歌为什么要运用象征

像舒婷的《致橡树》，以橡树代表男性的刚硬之美，而具有“红硕的花朵”的木棉则代表丰盈、健美的新时代女性。全诗将这种抽象化的新时代女性对自身的定位和期许的概念用木棉和橡树的关系来阐明，不仅富有哲理，而且抽象的思想和意念得以在亲切可感的形象中升华、诗化。除了对自身的定位，全诗其实还隐含着对现代女性的期许和劝解，但是因为以丰美立体的形象作为支撑，这首富有理性的诗歌让人感受不到说教的意味，更加可感，更加令人信服和接受。因此，我们在理解诗歌的时候，要注意这些通篇出现的意象，它们很有可能运用了象征手法。

2. 比喻和象征

下面我给大家梳理一下，以便帮助大家更好地了解比喻和象征的区别与联系。首先，二者性质不同：比喻是一种修辞学的概念，是一种修辞手法，是指用跟甲事物有相似之处的乙事物来描写或说明甲事物，主要目的是帮助我们理解所说的事物；而象征是文艺学的范畴，是一种写作手法，主要作用是表现作品主题。其次，比喻的本体和借体都是具体可感的事物，以一物比另一物；象征则是以一个具体的喻体来表示一个相似或者相近的，类似于概念、思想和感情这样的抽象事物。象征的含义绝不只在某一个具体的事物上，象征的目的是用物体来表明某种抽象的意蕴，让读者进行美学联想和哲学领会。

格律的美学内涵

1. 格律“枷锁”从何而来

有人认为诗歌的格律单纯是追求形式美的一种体现。自唐代以来，格律诗歌就在诗坛占有绝对主导地位；虽然到了宋元时期，出现了以长短句为特征的词，看似是对格律的解放，但其实词对押韵和平仄等格律方面的要求更甚。那么，诗人为什么要给自己的创作添加上格律的“枷锁”呢？如果我们有这个疑问，就说明我们对诗歌的基础知识了解不够。诗歌诗歌，以诗为歌，也就是说创作诗歌的目的是歌唱。比如我们听某首外国歌曲，可能根本不明白歌词的意思，但是依然被歌曲的曲调打动。诗歌也是一样的，那些看似是“枷锁”的格律，其本身就具有表现力和感染力，这种属于音乐领域的魅力，是单纯的文字所不具备的。

2. 如何感受格律美学

那么我们如何在学习诗歌的过程中感受格律美学呢？诗人的表情达意是内容，抑扬顿挫的格律是形式，内容和形式作为诗歌的两个有机组成部分是密不可分的。我们可以根据诗歌的内容构建出相关的画面，或者带入诗人的角色，感受其抒发的情绪。《春江花月夜》是我最喜欢的诗。“春江潮水连海平，海上明月共潮生。滟滟随波千万里，何处春江无月明。”前4句就能引发人的无限联想与共鸣：春江潮涨，月共潮生，月光清冽，水光潋滟，万物都笼罩在静谧的月光之下。一种气势磅礴却令人内心祥和的画面跃然纸上，如果能够发挥想象力，我们就很容易被作者引入此种境界。而且这一部分的押韵是后鼻音，共鸣腔大，朗朗上口，极富气势，与潮涨、月明时的恢宏磅礴相照应。

科学的鉴赏方法和思路

鉴赏要点

从题目中读取信息。题目通常蕴含着不少信息，比如《蜀道难》《卖炭翁》都直接表达了诗歌的主要内容或者内涵和主旨。从具体的文字，到组成的词语、句段、全文，由表层含义深入深层内涵。

关注注释内容。注释中往往有一些我们并不熟悉的作者的生平信息和写作背景，这其实就是出题人给我们的暗示，我们应该把握住这样的重要切入点。如果这首诗是一位南宋诗人歌咏北地风光，那你一定要想一想诗人是不是把对山河凋零的悲伤表现在平和优美的字句当中，有没有“乐景衬哀情而更见其哀”，有没有讥讽朝廷偏安一隅的激愤，等等。如果你很熟悉这首诗的作者，但是并不熟悉这首诗，那就要看看是否能够进行课堂知识迁移。

找出原文与自己的答案的对应关系。这也就是老师每天耳提面命的“文本意识”，我们得出的结论是，揣摩出的情感必须能在原文中找到对应之处，要有理有据，并把这种对应关系体现在自己的答案中。比如“了却君王天下事，赢得生前身后名。可怜白发生！”，怎么才能体现出词人年华已逝、壮志难酬的怅惋愁绪呢？我们可以回答：“想要辅佐君王，赢得后世芳名，但鬓边白发已生，表现了词人年华已逝、壮志难酬的怅惋愁绪。”类似这种“对原文进行简单提炼（也就是依据）+自己的理解”的答题格式，能够很好地体现出你掌握了这种对应关系，你的结论就不是无根浮萍、牵强附会。

题干也是理解诗歌的关键。有时候出题人设置的题干其实也能够帮助我们理解诗歌。比如：请找出哪些意象体现了诗人怀才不遇的伤感？那么我们就知道诗歌的感情基调是悲伤惆怅的，这种由出题人所提供的内容往往都不会有错。

首尾要注意。诗歌的第一句话或开门见山，或托物起兴；最后一句或卒章显志，或升华全文，都是需要特别关注的部分。

一切景语皆情语。借景抒情是诗歌非常常见的表现手法：将自己的情感寄托在事物上，用承载着某种主观情感的客观事物来感染读者。“撩乱边愁听不尽，高高秋月照长城”，琵琶胡音缭绕耳边，更添边关愁绪，绵延不绝的长城上挂着一弯深秋的冷月。作者将边塞羁旅之思与肃杀的深秋边塞景致相结合，凝练出一种离别伤怀、欲理还乱、无尽无休的复杂情绪。

诗歌类别

《诗经》开创了现实主义的传统。《诗经》没有确切的作者，其中收录的诗歌都是人民在劳动、生活、祭祀的过程中创作出来的，反映了劳动与爱情、战争与徭役、压迫与反抗、风俗与婚姻等周代社会的方方面面。它曾为汉乐府民歌、建安诗人、杜甫、白居易，直至宋元明清的一代又一代诗人所发扬光大。

《楚辞》则是浪漫主义的滥觞，屈原也是我国诗歌史上可考证的第一位诗人。其特征是善用丰富的想象、夸张、象征等手法，重在抒发主观感情。

我们不仅要掌握现实主义和浪漫主义这两大文学的源头及其特点，

还要按照历史的顺序理清诗歌的发展脉络；既要对各个时期的诗歌总体风格有所了解，也要对各个时期（特别是唐宋时期）的各个流派的代表人物有比较深刻的认识。

写作手法、修辞手法、表达方式、结构形式等术语概念层级图

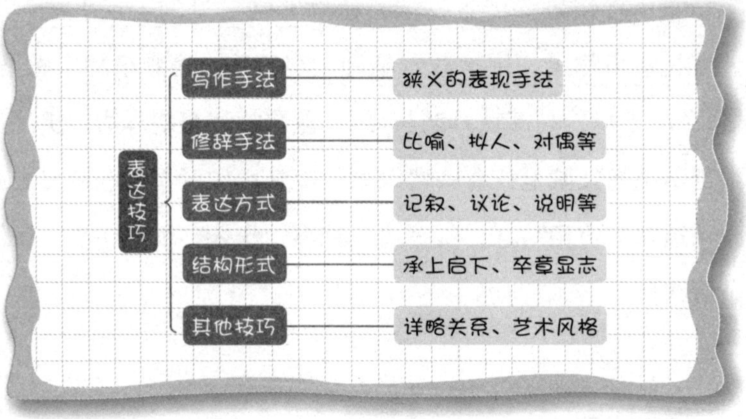

答题公式

1. 内容方面的提问

这首诗营造了一个怎样的意境氛围？表达了作者怎样的感情？

答题步骤 先用自己的语言较为优美、简练地翻译一下诗句，让人产生画面感，然后再用诸如清新明丽、悲怆凄凉等字眼来概括诗歌的意境特点，进而分析作者的具体思想情感。

2. 形式方面的提问

这首诗用了怎样的表现手法？

答题步骤 问啥答啥，先把使用的修辞手法写上去，这部分分数

一定是不能丢的，然后结合诗歌中的具体语句说明何处体现出了这种手法，最后加上抒发了作者怎样的思想情感。

3. 分析人物形象

结合全诗，简要分析诗中的人物形象。

答题步骤 先回答究竟塑造了何种人物形象（根据诗中信息添加诸如思妇、游子等表示身份、性别、职业、性格特征的定性词汇），然后结合诗句进行分析，最后说明塑造这个形象的意义。

4. 炼字题

××字妙在何处，请简要分析。

答题步骤 先肯定出题人，如“我认为××确实很妙”，然后解释这个字的表层含义和深层含义，再把这个字的含义带入句子中构建画面，最终点明这个字表达了何种情感。

5. 语言特色类

这首诗歌在语言上有何特色？（着眼于全篇语言风格）

答题步骤 用一两个词语或成语准确点明语言特色，然后结合有关诗句具体分析这种特色，最后总结表现了作者怎样的感情。

诗歌鉴赏本就不是什么难事，考查的是我们对文字美学的感悟和鉴赏方式是否规范化、科学化。只要你用心研读以上内容，定能受益匪浅。初中3年正是学习的好时光，大家不妨多读、精读一些课内外的诗歌散文，提升自己的文学素养。

语言表达题的解题技巧和得分方法
——启动发散思维

王 辰

高考总分：677 语文：131

毕业于淮阳第一高级中学

2017年考入清华大学经济管理学院

内容导读

众所周知，语文这一学科面全点多，尤其是语言表达这一板块，知识点更是多如牛毛。语言表达题的分值一直都在提高，对学生思维的限制也在不断放宽。我们在做题时不能生搬硬套，应打开思路，敢于创新。我在平时的训练中，特别注重分析和积累文章中的逻辑表达形式，以锻炼自己的逻辑思维能力，培养自己的语感。读懂、读清题干，是做题的根本。在读题时，我们要充分注意考题的显性限制和隐性限制，充分发散思维，这样才能组织出高质量的答案来，面对考试才能得心应手。

提高语言表达能力

锻炼自己的语言表达能力

语言表达能力是我们与人沟通的基础能力，我们可以将其称为一门艺术，它能体现一个人的思想，表达一个人的情感，影响事件沟通的结果，让我们更容易达成目标，从而变得更自信。同时，我们也要知道所有被称为艺术的能力都不是与生俱来的，都需要通过具体的方法练习得来，那怎么提高语言表达能力呢?

大家在网上可能都看过一幅“如何画马”的漫画，这幅漫画原意是讽刺某些速成培训。但不难看出，画马也好，画龙画虎也好，最重要的是要有正确的结构框架，也就是我们所说的逻辑。其实到第四张图的时候，相信很多人就能因为结构而认出这是一匹马。相反，不管细节多好，如果没有基本逻辑，我们还是无法识别出这是一匹马。

这就是逻辑的力量。

光看别人画马，我们是无法画出马的。正确的方法+反复练习=自信和成功。所有艺术都源于技术，所有技术都源于练习。我经常锻炼自己的表达能力，和他人的一次沟通、在课堂上的一次发言、在比赛中的一次演讲、在小组内的一次讨论、在班会上的一次辩论……以此积少成多，让自己更加善于表达。具体怎么练习呢?我有以下几个小方法。

（1）讲故事。对同学、朋友讲近一段时间内发生的事件，甚至电影、小说等，直到对方能够听懂，能体会到故事的含意为止。这练习的是基本能力，时间可以限制在3分钟以内。也可以通过故事接龙、谁是卧底等活动来练习。

（2）说细节。观察一个房间、一个静物、一位朋友，然后试着分别用200个字、600个字、1000个字来描述同一个对象，为什么这么做呢？这能练习扩展修辞手法的能力。

（3）说感受。刚才的练习是以客观事实为主，现在还要练习描述我们自己的感觉，比如看到艺术作品、美术作品、音乐作品有什么直观感受，开始练习时也是要尽量多地描述。

（4）说思考。可以描述事件或作品等并给予自己的评价，或与其他的作品相比较等，说出自己的看法、观点，并且可以试着与人讨论，看看别人是如何思考与表达的。

提升做题技巧

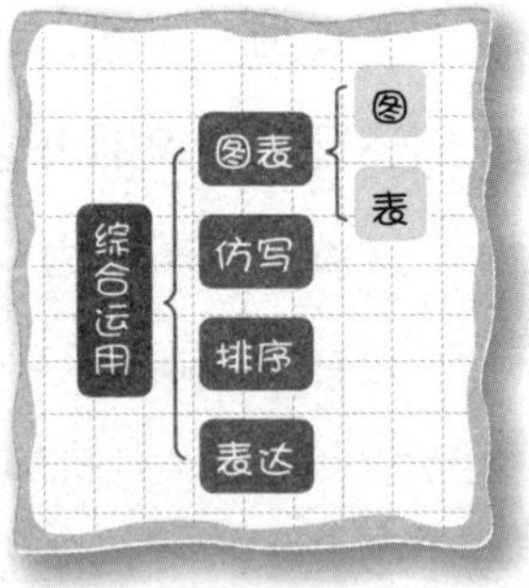

语言表达题属于综合运用板块，读懂、读清题干，是做题的根本。在我们锻炼自己的理解表达能力和逻辑分析能力的基础上，如何提升自己的做题技巧呢？在这里，我们一起来看一下如何分析以下几种题型。

1. 图表题

我在解答图表题时有一个完整的过程：仔细审题是前提，认真思考是关键，准确表述既是目的又是终结。只要掌握了解题技巧，进行一定的训练，重点抓住书面表达的准确性，就一定能做好图表题。

下面是一份200名初中生课外阅读的调查情况表，请根据这个调查情况表回答后面的问题。

阅读内容	人数	百分比
卡通画	112	56%
时文杂志	32	16%
武侠小说	30	15%
文学名著	26	13%

①从表中数据可以得出一个结论，即________________。

②看了这一统计结果，你对同学们的建议是____________。

这是一道渗透着数学知识的图表题，这类题在考查语言表达及概括能力的同时，还考查我们解决问题的综合能力。我分3个步骤来解析。第一步，明确题干要求。本题要求“得出一个结论”，而不是概括“初中生课外阅读的调查情况”，如果逐一说明表格内容，就不合题干要求，所以我们要从题干中捕捉有效信息，获得解题要领。第二步，寻求表格规律。本题通过表格来“说话”，它简明直观地把现象展示在读者面前的同时，也会把问题的本质隐藏起来。因此，我们必须采用纵比和横比的方法找出表格数据的变化特点。从纵向看，我们可以对比阅读内容的4个方面；从横向看，我们可以对比人数和百分比2个方面。第三步，准确归纳与表达。通过以上分析，我们要用恰当的词语和完整的句子把规律表达出来，做到语言准确简洁，符合客观实际。我们发现，大多数初中生课外阅读喜欢看卡通画而不喜欢阅读文学名著，然后在我们发现的规律的基础上简单概括即可。

参考答案：

①多数初中生的课外阅读选择是卡通画而不是文学名著。

②尽可能减少看卡通画的时间，换作读一些名著、杂志、时文等，因为这样能获得更多的文学知识，提升语文的素养。

2. 仿写题

仿写题看似简单，其实有一定的综合性。它往往涉及语法结构、表达方式、修辞手法的运用等许多方面，对我们的知识范围及文化修养等都提出了要求。不过我一直认为仿写题是一道送分题，只要掌握了句式结构，分析了句子成分，再加以修饰，解答这道题完全不在话下。在这里，我举一个例子。

> 学会宽容，宽容是容纳大树小草的田野，是接受阳光暴雨的天空，是________；宽容是吹开闭锁保守的清风，是洗涤狭隘自私的雨水，是________。

看到这个句子，我会先确认一下中心词：前一处所填内容的中心词应与田野、天空等相类，如大海、沙漠、草原、高山等；后一处所填内容的中心词应与清风、雨水等相类，如雪、雾、露、霜、冰雹等。接下来看修饰语，前一处应与“容纳大树小草”“接受阳光暴雨”等相类，后一处应与“吹开闭锁保守”“洗涤狭隘自私”等相类。很重要的一点是，注意把握该句的修辞手法——比喻。

所以，我们可以试填：饱经飞沙走石的沙漠；敲打谎言虚伪的冰雹。

仿写要注意的几个问题如下

1. 仿句与被仿句不能雷同。

二者的内容要做到"花开两朵，各表一枝"，要有创新。

2. 修辞手法要恰当。

熟知各种修辞手法的特点和要求，做到心中有数。

3. 用词不能重复。

除了明显的共用词语以外，仿句的用词尽可能不与被仿句重复，避免语意雷同。

3. 排序题

排序题既考查了语句间的连贯，又考查了对多个语言单位的排序组合。面对排序题，我们既要考虑到所给的多个语言单位之间的内容、写作及逻辑联系，又要结合语言环境。排序题做得好，不仅说明你的语言表达能力强，还说明你的逻辑思维能力强。所以面对这类题目，大家不要觉得摸不着头脑，它们都是有迹可循的。我们看下面这道题。

下面语段横处应填入的恰当句子是（　　）

在海南岛，我登上了高高的尖峰阁。瞧那辽阔、深邃汪洋似的的林海，________________，横亘在眼前，那情调是多么粗犷。

A. 每一棵树木都挺拔昂扬，一个劲地拼命向上长，闪烁着生命的光芒

B. 莽莽苍苍，层层叠叠，涌着无垠的绿涛

C. 浓绿的松柏，淡绿的杨柳，大叶的杨树，小叶的槐树，成行成列

D. 横如帐幔的林墙，邃如深渊的林窟，密如桩柱的林干

语段有时在内容上还要符合人们认识事物的规律，即逻辑上应合理。这段内容写的是登上峰顶所见之景，放眼望去看到的是辽阔、深邃的林海，这样的景色是面上的景色，而不应是点上的，所以不能细写某一棵树、某一种树或某一部分情状。因此，最恰当的描述应该是B。要做好语句的衔接，在解题时要先读懂原句，把握原句的大意或要点，认真观察横线前后的语句。对4个选项进行综合比较后，可以采用排除法结合语段寻找最佳答案。最后可以把选好的内容放入原句中，进一步检验效果。

做排序题要避免两个误区

1.“凭语感，读得顺”。

句子的排序连贯考查的是语言表述的规范和内在逻辑的严密。有些同学平时说话和写作的语言本来就不规范，逻辑不严谨，因此做排序题不能仅凭语感。

2.“这么连接也没错”。

有些同学初做这类题，总觉得4个选项都挺对的，没有一项不对。这种想法是错误的，因为这类题考查的是“最恰当的一项”，而不是“正确”的一项。

4. 表达题

表达题考查我们的表达能力，但这类表达又不是完全自由的。一般来说，这类表达有一定的限制，限制点就是扣分点。比如必须使用给定的成语或俗语，必须扣住既定的主题，必须使用一定的修辞手法……所以我们要注意考题的显性限制和隐性限制，充分发散思维，这样才能组织出高质量的答案来。我们看下面这道题。

《嘉兴日报》“视听阅读”版开设了一个新栏目“读书访谈录”，首期话题围绕“读名著”展开，将邀请诗人、作家作为嘉宾。假如你作为中学生代表主持本次访谈，请你围绕这个话题设计两个问题向嘉宾提问。要求紧扣话题，表述简明扼要。

这道题考查的是扣住主题设计问题的能力。因此，问题的设计必须紧紧围绕“读名著”，所提问题要具体、有特点，切忌简单、笼统，缺乏系统性，少用或不用“你是怎样想的”这一类生硬、死板的提问。所以，我们可以就读名著过程中遇到的一些疑难问题向专家请教，可以就如何分析作品中的人物形象设置问题向他们请教，当然也可以请诗人、作家谈一谈名著对他们人生的影响。同时注意提问时要有礼貌，语言要委婉。你可以试着这样问：“请问您，斯威夫特在创作《格列佛游记》时，为什么要使用曲笔？”“请问您，我们对《水浒传》中宋江的人物形象应该如何分析？”“××先生，您能谈谈读名著对您走上文学之路的影响吗？”

“一鱼一时，一渔一世”，掌握学习的方法和找到学习的兴趣，远比记背书上生硬的知识点要重要得多。如果学习的过程是一棵大树，那么想学习就是有了根，接下来我们就需要长出枝干。这枝干就是会学习，所以我们必须讲究方法。这就好比爬山，别人一边欣赏沿途的风景，一边往上爬，乐趣多多；而坚持死记硬背的学生却犹如在黑暗的雨夜里，即使付出了更多的辛苦，也不一定能顺利到达山顶。最后祝大家找到自己的学习兴趣，找到学习的快乐！

文言文的应试技巧揭秘

王雨潇

高考总分：690　语文：148

毕业于北京市清华附中

2018年考入清华大学新雅书院

内容导读

文言文题型在中考、高考中都占有一定比例，也是语文教育目标中“欣赏文学作品，认识中华文化的丰厚博大，继承、发扬中华优秀文化传统和革命传统”的重要一环。所以，文言文的学习相当重要。中考试卷中不仅有固定的一道文言文大题，在名著阅读和散文阅读中也都有可能出现文言文的相关内容。

我通过这一篇文章简略地归纳了一些中考的文言文应试技巧，虽然这些技巧是应试性的，但也可以运用在平时的文言文阅读中。文章难免有疏漏之处，望大家谨慎斟酌地阅读。

文言文的学习技巧

鉴于初中文言文的考查集中于“一篇课本原文+1～2段扩展阅读”，所以在初中阶段的文言文学习中，扎实地读透课本中的文言文尤为重要。中学阶段遇到的文言文，可以大致分为寓言（托物言志）、叙事、说理、书信（对话）、写景等几类。这里的分类有重合之处，因为大部分文章最终的目的都是说理和言志，如孟子的作品大多是直抒胸臆，而《爱莲说》《陋室铭》等文章就更趋向于托物言志。这只是简单的区分，但可以帮助大家更快地了解一篇文章的主题。

下表是我总结出的文言文中考篇目及其类别，在判断出文章所属类别后，就比较容易判断出文章的主旨。

篇目	书籍	年代/作者	类别
《论语》12章	《论语》	【春秋】孔丘	对话、说理
《曹刿论战》（选自《左传·庄公十年》）	《左传》	【春秋】左丘明	（历史）叙事
《鱼我所欲也》（选自《孟子·告子上》） 《富贵不能淫》（选自《孟子·滕文公下》第二章） 《生于忧患，死于安乐》（选自《孟子·告子下》）	《孟子》	【战国】孟轲	说理
《逍遥游（节选）》	《庄子》	【战国】庄周	寓言
《虽有佳肴》	《礼记》	【西汉】戴圣	说理

（续）

篇目	书籍	年代/作者	类别
《出师表》		【三国】诸葛亮	奏表
《桃花源记》		【东晋】陶潜	叙事（虚构）
《答谢中书书》		【南朝】陶弘景	写景
《三峡》		【北魏】郦道元	写景
《陋室铭》		【唐】刘禹锡	言志
《醉翁亭记》		【宋】欧阳修	叙事
《爱莲说》		【宋】周敦颐	言志
《记承天寺夜游》		【宋】苏轼	叙事
《河中石兽》		【清】纪昀	寓言（叙事）
《陈太丘与友期行》		【南朝宋】刘义庆	叙事
《诫子书》		【三国】诸葛亮	书信
《狼》		【清】蒲松龄	寓言
《孙权劝学》	《资治通鉴》	【北宋】司马光	叙事
《愚公移山》	《列子》	【战国】列御寇	寓言
《大道之行也》（选自《礼记·礼运》）	《礼记》	【西汉】戴圣	说理
《伯牙鼓琴》（选自《列子》）	《汉书·艺文志》	【战国】列御寇	叙事
《邹忌讽齐王纳谏》	《战国策》	【西汉】刘向	叙事
《杂说四·马说》		【唐】韩愈	寓言
《湖心亭看雪》		【明】张岱	叙事、写景

文本通读（文章大意/主旨的获取、常见结构/主旨）

在大致了解每篇文言文的类别后，在进行文本的通读时，我们首先应当了解文章的大意和主题。这里就以2019年某地区中考语文试卷中的链接材料一作为例子。

【链接材料一】

赵襄子[①]攻翟[②]，胜老人、中人[③]，使使者来谒之。襄子方食抟饭[④]，有忧色。左右曰："一朝而两城下，此人之所以喜也。今君有忧色，何？"襄子曰："今赵氏之德行，无所于积，一朝而两城下，亡其及我乎？"孔子闻之曰："赵氏其昌乎！"夫忧所以为昌也，而喜所以为亡也。

（节选自《吕氏春秋·慎大览·慎大》）

【注释】①赵襄子：春秋末晋国大夫，赵国的创始人。②翟（dí）：春秋时期的国家。③老人、中人：翟国的两座城池。④抟（tuán）饭：捏成团的饭。

我们首先能够判定这是一则叙事文，叙事文中较为重要的就是人物和事件，以及作者希望通过这一事件来说明的道理。在这一则叙事文里，主要的内容就是赵襄子在应该快乐的时候反而担忧，孔子称赞他。链接到"生于忧患，死于安乐"，那么赵襄子快乐的是"一朝而两城下"，担忧的是"赵氏之德行，无所于积"。这一则材料的大意和主题就明了了。

由于中考文言文题型是在课文原文的基础上链接其他，所以即使链接材料的文意看不懂，我们也能够大致知道主旨，且所选的片段也大都是主旨清晰的片段。因为古人写文章往往讲求卒章显志、凤头豹尾，所以我们往往能在开头或结尾处找到作者想要表达的主旨。带着主旨去细读文本，就会省力许多。如果可以，建议同学自行梳理课本中的文言文主旨，能够获得比较好的效果。

附：

不同类别文言文的典型篇目和所要关注的内容		
叙事/寓言	《醉翁亭记》 《桃花源记》 《河中石兽》	谁（什么）干了什么，结果怎么样，作者要通过这一故事说明什么道理，或者寄托了作者怎样的情感、志向
写景	《岳阳楼记》 《湖心亭看雪》	写了什么景，作者通过什么笔法塑造了一种什么样的意境，反映了作者什么样的志向，寄托了作者怎样的情感
赠序、奏表	《送东阳马生序》 《出师表》	谁给谁的书信，写了什么内容，讲了什么道理，表达了写信人对收信人怎样的期待、叮嘱和寄托
说理	《论语》 《孟子》	谁举了怎样的例子，说明了什么道理，表达了自己怎样的抱负

文本细读

2017—2019年北京的中考题，都是从链接材料和原文主旨的相同点的角度来出题；但2020年的北京模拟题中，有不少细节题是问“具体表现”，这就需要大家具备一定的文本细读能力。这里以2020年北京市海淀区语文期末试卷中的两段链接材料为例。

阅读下面的链接材料，说说阎进、谭嗣同“舍生取义”的表现各是什么。(4分)

【链接材料一】

阎进，隶宣武。建炎[1]初，遣使通问，进从行。既至云中府，金人拘留使者散处之，进亡[2]去。**追还**，留守高庆裔问："何为亡？"进曰："思大宋尔。"又问："郎主[3]待汝有恩，汝亡何故？"进曰："锦衣玉食亦不恋也。"庆裔义而释之。凡三亡乃见杀。临刑，进谓行刑者："吾南向受刃，南则我皇帝行在[4]也。"**行刑者曳其臂令面北**，进踊身直起，盘旋数四，卒南乡[5]就死。

——《宋史·忠义传》

【链接材料二】

余是夕宿于日本使馆，君[6]竟日不出门以待捕者。捕者既不至，则于其明日入日本使馆与余相见，劝东游，且携所著书及诗文辞稿本数册家书一箧托焉。曰："不有行者，无以图将来；不有死者，无以酬圣主。今南海[7]之生死未可卜，程婴杵臼，月照西乡，吾与足下分任之。"遂相与一抱而别。初七八九三日，君复与侠士谋救皇上，事卒不成。初十日遂被逮。被逮之前日，日本数辈苦劝君东游，君不听。再四强之，君曰："各国变法无不从流血而成，今中国未闻有因变法而流血者，此国之所以不昌也。有之请自嗣同始！"卒不去，故及于难。

——梁启超《戊戌政变记》

注释：①建炎：南宋皇帝宋高宗赵构的第一个年号。②亡：逃跑。③郎主：历史上北方少数民族对自己君主的尊称。④行在：皇帝所在的地方。⑤乡：同"向"，面向，朝着。⑥君：指谭嗣同。⑦南海：指康有为。

第一篇文言文描述的是阎进"舍生取义"的表现。首先，这很显然是一则叙事文；通过注释①和注释③，我们能够得知存在两个势力集团，即南宋和金；又因为出自《宋史·忠义传》，所以显然这一篇文言文讲的是南宋使者阎进对南宋的忠义，而这种忠义恰恰是通过阎进和金人的冲突来体现的。

基于此，在阅读文本时，应当注意两者之间的冲突部分——材料中加粗字体的部分是金吏的行动，而加粗红色字体的部分是阎进的行动。由于忠义是通过两者的冲突体现的，所以只需锁定两者的行动，从中区分出阎进的部分即可。材料中的大部分字句都是容易理解的，稍微注意一下"见杀"的被动用法即可。另外，注释标注的意思需要多加注意。即使看不懂"踊身直起"，我们也能通过"盘旋数四""卒"等词看出阎进的挣扎，所以只需要模糊理解，在答题时用现代文概括即可。

文言文的知识框架

不论初中、高中还是大学的文言文学习，我们都应当尝试去构建文言文的知识框架。尤其是在初中、高中的应试教育下，凭语感做题有时候是不太准确的。在所给篇目比较短的情况下，应当多注意一些其中比较常见或特殊的用法。因为在试卷中，所给的链接篇目一定是经过出题人的仔细斟酌的，往往是课堂上已经学过的内容的延伸或有相同的用法；且超纲的内容大多会给出注释，故而在力所能及的范围内，我们应多积累一些文言文字、词、句的知识点。

影响文言文理解的无非这几种情况——常用字、常见词、多义字、古今异义、语序和断句。这几种情况无须大家刻意地归纳，因为这样做比较浪费时间；建议有精力的同学可以看看《5年高考3年模拟》中已经归纳好的内容，不必全部背诵，大概了解即可。

语法现象	解决方法	例子
常用字、常见词	常用字和常见词其实大多已内化在我们的知识体系里，可能偶尔会有没有注意到的例子，自行加强即可	常见虚词的不同意思（之、乎、者、也） 皂隶，黔首，徭役
多义字、古今异义	多看文言文，多看《5年高考3年模拟》，有适当积累即可	行道之人弗受，行阵和睦，一目十行
语序	很多句法可能会导致语序的改变，例如宾语后置等。这个时候要正确判断不同词句的成分，恢复成正常语序后再理解	万钟则不辩礼义而受之，吾谁与归
断句	初中阶段存在长难句的情况较少，即使有，也多在虚词处断句（不全如此）	橐驼非能使木寿且孳也，以能顺木之天，以致其性焉尔（出自《种树郭橐驼传》）

文言文题型分析和解题技巧

题型分析

北京中考语文文言文的题型设置具有延续性。2017年北京中考语文中的文言文考了一道翻译题、一道理解选择题；2018年的第二个选择题有3个选项；2019年考了一道字义选择题、一道翻译加理解的选择题、一道材料链接简答题。而且2020年的期末考试，东城、西城、海淀、朝阳4个区也基本延续了“翻译+选择”的题型设置。

针对题型的解题技巧分析

1. 字义选择

现在，字义选择比较常见的考法是“文言文原句/原词+成语中相同的字”。相对来说，同学们需要做的功课，其一是掌握好文言文原文中每一个字的意思，尤其是注释中有的；其二是积累成语。

针对需要比较字义的题，我们可以将字义组词后带入。例如“不足为虑”中的“虑”可以组词“忧虑”，而“深思熟虑”中的“虑”则可以组词“考虑”，“衡于虑”中的“虑”可以组词“思虑”。也可以通过词性判断，例如“衡于虑”和“不足为虑”中的“虑”都是名词，而“深思熟虑”中的“虑”是动词。

2. 翻译加理解

中考文言文不仅单纯要求翻译，而且需要添加自己的理解，这就要求同学们在逐字细读了文本后不仅要能够理解单个句子，而且应当能够将整个句子放在语境中去理解。事实上，这类题目的选择题是比较简单的，例如2019年北京中考题将“行拂乱其所为”翻译为“有做不完的事”，这显然是错误的。

3. 材料链接简答

材料链接简答题大多集中在“主旨”简答和“内容”简答上。如

2017年北京中考题的问法“体现了怎样的思想”即“主旨”简答，而2019年北京中考题的问法“如何体现的”即“内容”简答。主旨简答题考查抽象概括能力，而内容简答题则考查细节提炼能力。这两者在前文中都已经进行了阐述。需要注意的是，我们一定要注意所给的课内篇目，因为不论是哪一种类型的简答题，所给材料链接一定和课内篇目有关。那么在做主旨简答题的时候，链接材料的主旨一定要往课内篇目的主旨上靠，而内容简答题也要注意题干中所给的主旨究竟是什么。

文言文学习方法的养成及推荐书目

由于中考文言文考查主要依附于课本文言文篇目，所以大家要把精力集中在对课本文言文的细读和总结复习上。如果有同学希望在文言文阅读上进一步拓展，那么我有以下建议。

（1）总结课本所学文言文的类型并归纳篇目，形成大致架构。

（2）大量阅读文言文，书目可以选择《古文观止》，可以关注自己比较喜爱的文人。不一定需要精读，但可以在大致读懂每一句的意思后大声朗读或背诵。朗读过程中需要注意长难句的断句。

希望每一位同学都能够在学习的过程中发现文言文的乐趣，也祝各位同学在考试中能够获得自己满意的成绩！

记叙文阅读：勾画原文，总结模板，拓展阅读

李若白

高考总分：**664** 语文：**138**

毕业于北京师范大学附属实验中学

2018年考入北京大学中文系

内容导读

阅读题在语文考试中的分数占比一直很高，而考试频率最高的就是记叙文阅读，所以如何攻克记叙文阅读就成了语文学习的一个难点、重点。根据我自己的经验，做阅读要有两个抓手：一是针对阅读题目本身进行练习，紧密结合原文，同时随时总结模板；二是从外部突破阅读，即拓展课外阅读，增强理解能力，从根本上提高阅读水平。

初中时，我的阅读题丢分较多。其中说明文阅读和议论文阅读我尚且能应付，因为文章语言比较简单，结构也比较清晰；只有对记叙文阅读，我经常把握不好作者的情感和文章的细节。偏偏大多数情况下，语文考试都会涉及记叙文阅读。我记得有一次考试，整个阅读题我只得了不到一半的分。从那之后，我集中做了很多记叙文阅读题。在完成了两本阅读专项练习册后，我的阅读题成绩有了明显提高，虽然我在记叙文阅读上还是会丢分，但是已经可以稳定在几分之内。集中做题的那段时间，我总结出了做阅读题的一些方法，下面分享给正在读初中的大家，希望对你们有所助益。

勾画原文，紧密结合文章

紧密结合文章回答问题，是我认为做阅读题最朴素却又最重要的一点。举个很简单的例子，记叙文阅读一定离不开把握作者感情，而作者感情其实也有固定的类型——欣喜、敬佩、同情、对故乡的思念、对往事故人的怀念以及对祖国的热爱等。如果认真总结，阅读题涉及的感情类型是可以整理清楚的。有很多同学在答题的时候，被问到作者感情，只会简单写“表达了作者的思念之情”，往往会丢掉很多分。为什么呢？其实同学们可以想想，写思念之情的文章那么多，如果你只写这一句话，怎么能体现这篇文章的特殊性呢？这就是没有紧密结合文章。而什么是紧密结合文章呢？就是你回答的作者感情、中心的总结必须在文中有出处。也就是说，我们应该写“作者通过描写……，表达了自己……的感情”。在一篇文章中，作者可以有多种感情，那么我们的答案也要相应地分多个层次。简而言之，紧密结合文章，意味着你必须写出因果逻辑来。只有紧密结合文章才能保证踩准得分点，因此在考场上答题时，切忌泛泛而谈。

紧密结合文章有一个要求，那就是阅读要细致，注意细节。但是考场上的时间并不多，这就要求我们必须用最少的阅读次数获取尽可能多的细节，来帮助我们得出结论。所以大家一定要注意边阅读，边勾画原文。勾画原文有很多好处。首先，勾画原文可以帮助我们更快地进入阅读状态。很多同学在考场上会因紧张而读不进去文章，匆匆看了一遍原文，并不知道它说了些什么。勾画可以帮助我们迅速将注意力集中在所阅读的语句上，以获得更多有效的信息。其次，勾画原文可以帮我们更快地划分文章层次。给文章分层很重要，不论是内容还是情感，一篇文章都会有或转折、或递进的很多层次，我们需要分清它们。勾画原文的时候，我们可以关注一些提示性的词语，“然而”“我仿佛回到”“后来”等词和短语都可以圈出来，它们会在后续的做题过程中提示我们解答的方向。最后，在勾画原文时要注意勾画关键词和关键句。因为我们是中文母语者，对语言会有一定的敏锐感，所以有时我们并不需要阅读全篇就可以感受到哪些语句是中心句，哪些语句和主旨有关或者点明了作者的某种感情。这些都可以随手勾画下来，作为后续的答题依据。

总而言之，做阅读题时一定要做到词不离句，句不离段，段不离篇。注意题目和文章内容之间的关联，紧密结合原文去回答所有的题目。其中最重要的方法就是在原文中勾画关键词、关键句，这是回答一切题目的基础。

总结模板，时常反思更新

事实上，没有一种阅读题的解题方法可以适用于所有题目，否则只要背下套路，每个人的阅读题都是满分了。做阅读题最重要的是读懂文章，在此基础上佐以技巧，才有可能获得高分。天上不会掉馅饼，想要提高阅读题成绩还是要每天切实练习，一周至少做三四篇阅读题，阅读题的成绩才有可能快速提高。那么为什么还要总结模板呢？因为任何一种题目，都一定有其内在的方法可以使我们做题更有效率，事半功倍。

所以，我强调的总结模板，一定是以大量的练习为基础，自行总结出的一些典型题目的解题方法。同时，模板也要经常更新，遇到模板没有涵盖的题目要及时补充，让模板能够跟上自身学习进度。在这里，我给大家分享一下我自己总结的针对初中语文记叙文阅读的模板，这是以北京的考试题目为基础的，仅供大家参考。大家也可以总结类似的模板，在每次考试前拿出来温习一下，并且根据自己的掌握情况标注一些对自己的提示。

填表格或梳理选文情节脉络

这类题目一般是一篇文章的第一题，难度不大，但规范较多。

1. 观察所给事例

不论是填表格还是梳理情节脉络，题目都会给出部分内容，目的就是让学生模仿该格式。答题时，主要观察事例叙述的角度和格式（字数、主语、句式等）。

2. 划分区间

这道题相当于对选文情节的概括分层，所以一定要根据所给内容找出每个空对应的段落范围。

3. 找出对应区间的关键词、关键句

尽量不要转化为自己的语言，能照抄原文中的关键词是最好的，因为关键词、关键句对情节的把握有提纲挈领的作用。但要求归纳总结时是不能照抄原文的。

注意

1. 一般情况下，划分区间是不能跳跃的。也就是说，选文的所有内容都应包含在概括的范围内。如果发现有哪个段落没有归纳进去，很可能就出现了问题。

2. 如果没有字数要求，宁可多答，也不要少答，但也决不能啰唆。这类题目一般是按点给分的，所以缺少要点是最易丢分的。

问某句、某情节在选文中的作用（从两个方面回答）

1. 结构上

从这个方面回答的关键是要使用术语（线索、承上启下、对比、铺垫……），但又不能仅有术语。模板举例：这个情节在选文中有承上启下的作用，承接了上文……的情节，开启了下文……的情节。

2. 内容上

首先，翻译一下问题中的语句的含意，或者简要概括情节的内容。（这一点一般占分不多，只要有相关内容即可。）

然后，表明它与中心或作者思想感情的联系。“这句话的作用是点明文章中心”，这样的回答是不可取的，要具体写出文章的中心是什么。

解释某个词语的含义

1. 解释词语的本义

虽然题目要求解释该词语在选文中的含义，但任何一个词语的任何一种用法都不可能脱离它的本义，所以要先解释该词语的本义。

2. 解释词语在选段或选句中的含义

注意不要太死板，解释词语含义的时候要联系句意，把句意也答出来。有时一个词语会有几个不同层次的含义，此时尽量由浅入深，分层次回答。

3. 这样写的好处

这一点可以略答，如果这个词语有明显的比喻、拟人等修辞作用，那么一定要写上。如果没有什么特殊之处，只需简单赏析即可，这是为了使答案更为饱满，属于较高层次的要求。

对选段的标题进行设问的题目（这类题目较为复杂，需要具体问题具体分析）

1. 分析标题的作用（或好处）时

与一般回答作用的题目相似，在回答结构上的作用时，重在总领全文、作为线索等；在回答内容上的作用时，重在点明中心。

2. 分析标题与情节的关系时

对于这类题目来说，选段的标题一般都包含了文章线索，所以要依据标题在文中的复现划分层次。归纳每层的含义时，试着包含选段标题，并体现文章行文的思路和作者感情的递进。

3. 分析标题与作者情感的关系时

这类题目一般会涉及作者情感的变化，划分层次时要以作者情感的转折为依据，并且记住情感与情节密不可分，要注意二者的结合，将它们单摆浮搁肯定是不行的。

分析选段中的某个人物（一般出现在阅读延伸题中，问“如何将……写得生动感人的”）

在选文中找出将这个人描写得生动感人的地方，完成这一步之后，整体答题的思路就清晰了。剩下的就是围绕这些生动感人的地方进行分析。

1. 给出手法术语

将人物描写得生动，先要找出正面描写和侧面描写。要写出侧面描写写出了这个人物的什么特点，正面描写写出了这个人物的什么特点，正面侧面结合，如何立体地呈现了这个人物。然后找是否有语言、神态、肖像、动作描写。这里要抄写原文，指出哪里属于什么描写，写出了这个人物的什么特点。最后看有没有使用修辞手法，如果是比喻，还需要明确写出将什么比作什么。

2. 进行总结

将各种手法进行总结，并且总结一下人物形象。这样，这道题的答案就比较饱满了。

赏析选段中的某部分（一般出现在阅读延伸题中，问“文章优美生动，请举例并简要赏析”）

这类题目一般会划分层次，并指定段落。这就需要先逐字逐句地细读该段落，尤其注意一些动词的使用，这类题目往往会涉及动词连用的作用问题。

1. 抄写原文

之所以要单独列出这一点，是因为它非常重要，而且容易被忽视。想要分析哪里，先把原文抄下来，字数少的全部抄下来，字数多的中间用省略号代替。

2. 赏析

这一部分回答比较开放，因为自己选的内容，肯定是自己会写的。但还是要注意一定要有术语出现，而且不能泛泛而谈。正确的格式是：原文+手法术语+手法解读（如把……比作……）+表达了……思想感情。答题时，视题目对字数的要求决定写一组还是两组，一般将一组分析透彻即可。

拓展阅读，增强理解能力

上文和大家分享了阅读题的一些答题方法，但初中阶段的同学们要明白，技巧只是一个方面，答好阅读题的根本是提升理解能力，所以增强自己的理解能力才是最重要的。增强理解能力要通过大量的课外阅读来实现，只有读书“万卷”，才能从根本上把握阅读题。

对于说明文和议论文来说，课外阅读并不会有太多帮助。说明文和议论文考查的重点是逻辑能力，以及信息筛选、概括和划分结构的能力，而非对文章的情感、中心的理解能力。但是记叙文阅读和我们的课外阅读有着密切关系，我在初中做题的时候，见到过老舍、朱自清、肖复兴、迟子建等多位著名作家的文章选段，他们的语言有时偏散文化，而且不是那么直白透明，所以对理解能力的要求比较高。然而，如果我们读过这些作家的其他文本，情况就会好很多，我们就可以类比阅读，更好地理解作者的感情。当然了，这并不是要大家押题，毕竟题目考的作家和你阅读过的作家正好吻合是一个小概率事件，我们也没必要为了这一很小的可能性去费心揣摩。之所以要拓展阅读，是因为我们的理解能力在量的积累上更容易有质的突破。父母的理解能力高于我们，是因为他们有自身人生阅历的加持，见得多了理解自然也就深刻了。但是年龄还小的大家没有那么丰富的经历，所以最快增强理解能力的方式就是大量阅读，通过众多作家的眼睛去了解这个世界。因此，我们并不是要根据考试频率去专门阅读某一位作者的作品，而是应该进行少一些“功利性”的阅读，通过广泛阅读提升我们的理解能力。

其实，我们想要提高任何一门学科的成绩，都要抓住标和本两个方面。对于语文的记叙文阅读来说，“标”是使用一些方法、模板，而“本”则是增强理解能力。语文阅读会伴随大家的整个初高中，难度也会逐渐提升，但是题型的变化不大，越早解决存在的问题在以后的学习中就会越省力。希望大家可以抓住初中这段不是很忙的时间，击破弱项，实现飞跃！

作文也可提前准备

何星原

高考总分：668 语文：137

毕业于河北省衡水中学

2016年考入北京大学经济学院

内容导读

初中作文主要以记叙文为主，而高中则重视议论文写作。初入高中，我经常会被批评作文写得过于“幼稚”，惨失分数，甚至一度丧失语文学习的信心。后来，我通过坚持不懈地“摸爬滚打”，最终找到了高中作文的“必胜法门”——分类整理与“提前写作”，并运用这一方法实现“弯道超车”，作文取得了高分。

上初中时，语文一直是我的强项，尤其是语文作文，我写的作文经常被选为优秀范文。因此刚上高中的我，可谓自信满满，感觉自己马上就要在语文作文领域“大展宏图”。然而现实却冷不丁地给我浇了一盆冷水，让我认识到了自己写的作文和优秀作文之间的差距。老师给我的作文评语是“措辞华美，然而过于幼稚”。初中作文以记叙文为主，写作形式较为随意，重情感的抒发和经历的描述；高中作文以议论文为主，写作形式较为固定，重道理的阐释和逻辑的严谨。二者虽然都要求有一定的语文功底，但具体的写作要求却有“天壤之别”，存在着天然的鸿沟。是否能够顺利地跨过这一鸿沟，就成为高中语文成绩能否提高的关键所在。

然而我探索写作方法的过程却极其艰难，甚至因作文成绩差错过了升学的重要机会！虽然老师一再指导，强调作文要“有深度”“有思想”，我却始终不得要领。即便在高一一年看了无数的作文写作指南和作文素材书，每次考试时却只能“望题生畏”，平时背诵得滚瓜烂熟的论据也不能在考场上自如运用。文理分科之后，我选择了文科。语文本来是我的强项，却因为作文水平难以突破导致语文成绩很难提高。这一瓶颈期给我的学业造成了严重的影响，我高一一学年的总成绩和排名落入下风。而我在高三自主招生的综合排名，也因为这两个学期的语文成绩“拖后腿”而不尽如人意！令人欣慰的是，在经历过探索写作方法的阵痛之后，我终于总结出了适合自己的写作方法：分类整理与“提前写作”。

这两种方法的好处在于可以充分利用手里的辅导资料，做到把素材“用活”，特别适用于初中升入高中的迷茫阶段和作文起步期。更重要的是，这两种方法对于提高作文成绩效果明显，能够帮助我们在短时间内建立起语文学习的自信心。

摸爬滚打与分类整理

一开始我被“难堪”的作文成绩打击得自信全无，把所有的希望都寄托在看作文素材和作文写作书上。然而市面上的参考书质量良莠不齐，很难找到合适的参考书，我因此浪费了大量宝贵的时间。接着我又开始进入疯狂的背诵阶段，事例和热点了然于心，名言与警句更是“信手拈来”。本以为可以通过这样的努力取得好成绩，却又被现实“打脸”。在考场上，我面对陌生的题目却没有合适的论据可用，总感觉虽然背了很多素材，但是都不符合题意。一开始我把重点落在了背诵的全面性上，以为是自己积累得还不到位，不足以应对所有的题目。可谁能把所有题目的论据都一一背好啊！即便是有符合考试题目的论据，也需要用大量的时间在脑子里搜索、拼接并思考如何论证。但是考试时间有限，若只写个断尾“残文”，可能会因字数不够或没有妥善结尾而导致作文分数更低。

我一直有做积累的习惯，一次翻看积累本时，发现即便是自己做的笔记，查找起来也十分困难。我灵机一动，如果能把积累本的素材分类积累，我就可以在考场上先想分类，再对应素材，而且同类型的素材都在一处，这样还能提高记忆的效率。这就如同把自己的记忆空间重新整理，以便自己可以更加快速地寻找、定位出符合题意的素材。

我最先想到的是根据观点整理事

例，就是先整理出经常需要进行论证的观点，如规则、创新、独立、合作等，然后把各个素材放到对应的观点之下。在这种整理方法下，论据变成了一个个的专题，积累本也就变成了自己编写的参考书。一定要注意的是，整理的过程中不一定要用笔写，这样会浪费很多的时间和精力。有条件的同学可以利用计算机软件重新排版布局，不能用电子设备的同学也可以用“贴贴补补”的方式剪裁粘贴，这样更省时省力！

然而这种分类方式有很大的不足——只有当观点碰巧与题目相同时，素材才能更好地发挥作用。于是我在分类整理的基础上进行了新一轮的改良，即按照作文结构分类整理。议论文的结构总体比较稳定，基本可以分为开篇、论证、转折、结尾几大部分，而每一部分也会有不同的写作方式，例如论证部分需要事例和道理，而转折部分则可能用到补充论证或者是转折的句子。这样层层分解，我就把一篇完整的作文拆解成了一个个小零件，然后就可以从小零件开始着手搭建自己的文章了！根据每一个小零件建立分类体系，把可能用到的素材全部收入各个小零件对应的分类里。例如，议论文开篇部分有“确立观点”的小零件，我就把素材本中起到相应作用的素材按照不同的确立方式收录在“确立观点”小零件中，有的可能是以名言警句引入，有的可能是以概括材料开篇。在这一过程中，我做到了“化整为零”——把所有的辅导书拆散，又做到了“化零为整”——把零散的知识整合到了自己的积累本中，做成了属于自己的“个性参考书”。

在开始确立自己的分类方式时，我们可以从大分类做起，如将议论文分为开篇、中间和结尾3个部分。随着对作文认识的提高，再把大分类分割成小分类，例如结尾又可以分为深化类和呼应类。通过逐步深入、逐渐细分的方式，我们能够更好地掌握这个分类方式。在学习的过程中，我们可以根据自己写议论文的薄弱部分和需要重点提高的部分不断调整自己的分类方式。如果同学们在练习写作的过程中，在某一部分遇到了瓶颈，比如不会补充论证段落，还可以单独设立一个小专题，专门对这一部分进行整理。值得注意的是，素材不在于多，而在于精。在整理的过程中，素材的描述要尽量短，重新划分分类时也不要“喜新厌旧”，对于应用熟练的老素材可以多次利用！如果担心自己整理的素材和别人雷同，那就要寻找一些小众、个性化的素材以提高作文的辨识度！

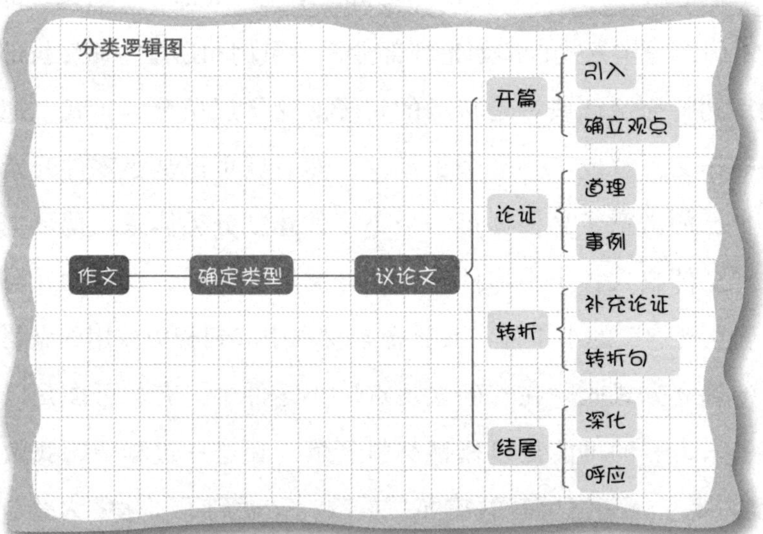

我把自己应用得最久的分类逻辑图分享给大家（见上图）。这一分类逻辑是按照作文结构进行大分类，每个结构之下又根据写作方式进行小分类。每位同学都应该在基础分类方法上进行扩充，加上自己的个性点，尤其要体现出自己的优势，重点弥补自己的缺陷，从而形成自己独一无二的分类方式。在这一过程中，我们也可以加深自己对作文谋篇布局的理解。

进阶之路与“提前写作”

以前总觉得写作靠的是临场发挥，考场上是“谋事在人，成事在天”，剩下的只能依靠自己的运气。虽然掌握了分类整理的方法，可我的作文成绩总是忽上忽下，这让我十分烦恼。后来，有老师提点我要学会从自己失败的作文中寻找提升点，要有足够的勇气去面对、分析、复盘、寻找失误。于是我开始了在失败中寻求经验的旅程，对自己写过的作文进行更改，有的不换事例只换语言，有的不换内容只换写作顺序和逻辑。我把自己更改作文的重要性提到和素材积累同样的高度，并把这些“浴火重生”的文章化整为零地放入自己分类整理的积累本中。在这一过程中，我有三大收获：一是对自己的不足进行修正，提升了写作能力；二是丰富了积累的素材，储备量再一次提高；三是对素材更加熟悉，写作时可以做到运用自如。当然自己也要积极地给优化后的作文寻找评委，最好是了解语文作文的老师，也可以是写作优秀的前辈或是朋友。自己做评委很有可能陷入“孤芳自赏”的怪圈，不能及时找到自己的问题和缺点。尤其是刚刚进入高中时，自己对高中学习很茫然，对评判标准一无所知，这时候就需要有指路人指明前进的方向和传授合适的方法！

就这样，我慢慢领悟了写作的“套路”。写作不一定是在考场上临场发挥，平时的准备也十分重要。大多数同学平时会准备默写、文言文的翻译，但忽视了写作也是可以有“套路”的。

首先，我事先准备作文的写作结构，例如我习惯于“开场先立观点，用两个左右的事例加以论证，再接一个说理段落，最后补充论证、深化观点”的写作结构，那么把这一结构练习得了然于胸，就可以作为考试时的“保底选择”。当考试时间紧迫或是思路堵塞时，我就可以直接按照这种准备好的结构和格式进行快速写作。

其次，在此基础上，我进一步用“提前写作”的方法提高了素材的利用率。以前是针对观点收集事例，现在我可以从具体的素材和事例出发，从不同的角度进行创新写作，反过来还可以思考同一材料中蕴含的各种观点，以具体事例为基础丰富写作观点。这样，同一个素材的作用被无限放大，真正能够做到事半功倍。

那怎么样“提前写作”呢？积累的素材只是搭建作文的积木，我要用这些积木把重要的部分组装好：利用相同的素材，以不同的观点进行写作，并对写作成果进行修改，处理后收入积累本中。当然，我们不必以长篇论文的形式写作，而是应该点到即止地写一些具体的段落，甚至是段落中的几句话，这样既可以节省时间，又能提高效率。

利用这种方法，我的作文练习量在不知不觉中提高了不少。而其他同学只是在老师留作业或是考试中才有机会进行实战训练，平时只是“纸上谈兵”，难以运用起来。到了考场上，我的脑海中立刻浮现出自己的积累本，写作过程就如同把积累本上的内容按照一定的顺序组合起来，既省时又省力。当然，我仍然会遇到各种“刁钻”的作文题目，但“提前写作”训练出的能力是不会凭空消失的。即便遇到没有任何论据作为支撑的作文观点，我也有了化用其他事例的能力，利用事例从不同角度来对作文观点加以支撑。高二下学期开始，我的作文成绩开始稳定，当时我多么希望自己在初中升学之初就能够学习到这种经验和方法！

不得不提的是高考的故事。作为高考第一科，语文向来有定基调的作用，语文的考试情况对后几场考试时自己的整体心态具有重要的影响。而高考上午场考试开始之前还有几个小时的复习时间，有的同学愁眉不展，有的同学掌心冒汗。大家的内心都非常矛盾，复习难以静心，不复习难以安心。我在这时就非常淡定了，考前简单重温积累本中的作文，就像吃了一颗“定心丸”。在进考场之前，我重新熟悉了自己积累的素材和“提前写作”的作文，就如同是在短时间之内重新回顾了高中生涯的所有写作经历，一时间自信满满。

总结

通过不懈的努力，我摆脱了初中作文的“幼稚”，逐步向高中作文所要求的“高深”迈进。其实在这个过程中，我的思考能力在不断提升。在面对生活中的时事热点时，我也能够先冷静思考，并用事实论据和道理论据加以支撑，让自己成为一个理性的人。积累本中的素材和作文片段成了我高中奋斗时光的宝贵回忆和一生的财富。最终我的语文成绩也不负自己所望，对得起我在高中时期挥洒的汗水与眼泪，而从中学到的写作能力和思考方法，也让我终身受益！

语文学习是循序渐进的，跨越初中到高中的鸿沟也需要经历一个艰难的过程。在调整阶段，我们要有足够的勇气和耐心去面对自己的不足，也要足够坚强和乐观地为自己鼓劲。当然，我们一定要根据自身情况不断调整学习方法和技巧，不能用“蛮力”，要善用“巧劲”；对学习方法要有自己的看法，还要努力地去尝试、调整。我一直坚信语文作文是不难的，是有“套路”可言的，只要足够坚持和努力，再有学习技巧的加持，在经历过“山穷水尽疑无路”之后，肯定能“柳暗花明又一村”！

写作文时，这几个“坑”千万别踩

陆泉宇

高考总分：688　语文：135

毕业于辽宁省辽源市第五中学

2018年考入清华大学新闻学院

内容导读

一篇好文章有这样几个要点：立意准确，字迹工整，标题引人，结构合理，富有文采。而在每一点中，都有一些同学们容易犯的错误，这些错误会极大地影响阅卷老师对文章的观感，可能在不知不觉中，我们的文章就已经被划到了二三类文章中。那么，有哪些“坑”是我们一定要尽力避免的呢？接下来就为你揭晓。

投机取巧，盲抄材料

我完全可以理解同学们急于把那八九百个格子塞满的心情——毕竟我在平时考试的时候，写到作文题也经常只剩下30分钟。但我们仍然要有方法、有策略地去占格子，要让占格子的内容成为这篇文章的亮点；再不济，至少不会被一眼看出来，成为这篇文章的拖累。

很多同学会这样写文章：在开头引入题目材料的时候，为了节省构思的时间顺便凑一点字数，直接把材料原封不动地抄上去；更有甚者，居然把原来3行的材料扩充到10行，“在线”给阅卷老师讲了个小故事。每每看到这里，我真的“一口老血”喷出——同学你是不是对材料的作用有什么误解？材料的作用基本只有一个：给你一个话题，让你知道这篇文章要根据什么来写，其作用基本等价于命题作文给你的题目，只不过材料的范围可能会更加宽泛一些，自由度更高一些。但无论如何，材料不是让你用来照搬凑字数的，更不是用来扩充讲小故事的。相反，材料就应该直接一笔带过，只要让阅卷老师明白，你的这篇文章的确是根据材料写出来的，就可以了。我记得以前写过一个作文题目，给的是与AlphaGo相关的材料，材料很长，一直在介绍AlphaGo和柯洁围棋比赛的具体情况。当时我在文章开头是这样写的：“当AlphaGo落下最后一子，世界为之瞩目。人们知道，这意味着人工智能……”真正作为材料引入的，其实只有第一句话，后面都是围绕着文章的主题——人工智能与人的关系展开。但是这就足够了，不是吗？还是那句话，材料是用来看的，不是用来写的。当你往答题卡上大量抄材料时，你可以想想阅卷老师看到这一大段材料是什么心情。

拼命凑字，不当举例

除了抄材料以外，用大段举例子的方式填充文章的情况也屡见不鲜。我经常看到，一篇文章好不容易分出来3个分论点，结果每个分论点都被一个例子填得满满当当。我曾经看过这样一篇文章，题目是《独立自主 奋勇向前》，写的是独立的重要性。该文章有3个主体段落，第一个主体段落写了曼德拉的故事，第二个主体段落写了爱因斯坦的故事，结果这两段文字就已经占据了文章的将近一半。

这样做当然是不合适的，但有人提出了这样的问题：文章的主体部分都不让我举例，那我还能写什么呢？这里我们要明确：写一篇文章是要干什么？是要提出一个观点，然后尝试证明它。在文章的开头，我们提出了一个观点，而在之后的内容里，我们所做的一切努力都是为了证明这个观点的合理性。

我们为什么要举例？在议论文中，我们举例子的目的是"举例论证"，也就是通过举例的方式，说明的确有这样一个符合我们所说的观点的先例，从而为我们的观点提供支持，这个例子也可以称为"论据"。这是举例的意义所在。但我们也可以看出，例子本身不具有论证的功能，必须要用论证的话语将例子与观点紧紧"绑"在一起，让读者能够相信，在你的论证话语体系下，例子是可以为你的观点提供支持的。初中老师应该讲过议论文的三要素：论点、论据、论证。它们3个是怎么互相作用的呢？就是按照我刚才所说的方式。

最后说一下正确的举例方式。上文已经说过，不能用一个例子填满一大段，那怎么举例子才合适呢？我个人关于举例有3个建议：短、多、新。“短”是要求一个例子不要太长，能够说清楚人物事例就行；“多”是在同一个分论点下，在相同的字数范围内，相比于只举一个例子，连续举多个例子往往有更强的说服力，而且如果能够构成排比，也能增强语言的气势；“新”是要求所举的例子最好不要是被人说过很多遍的老旧例子，相比于张海迪、霍金等人们过于熟知的例子，一些新近发生的或者比较少用的例子显然更会让人耳目一新。值得一提的是，前两个要求“短”和“多”，其实都是在强调文章的信息密度要高。什么是信息密度呢？就是一篇文章在单位字数内能传达出多少有效的信息。如果翻来覆去都是说同一个东西，就会造成文章的信息密度低，在阅卷老师看来这就是“言之无物”。

“学生腔”重，模板感强

大家似乎在小学的时候，都被老师要求背诵过一些“好词好句”：“椰风蓝天，海浪涛声……”然后老师就告诉你：用在作文里就完了。于是我们稀里糊涂地将这一方法从小学用到了初中。但在这里，我有必要明确地说一句：这些东西，基本可以从你的作文里消失了。

我们要形成一个习惯：在写下任何一个字之前，先问问自己，这对你论证主题有没有帮助？如果没有，就不要写。我相信，只要你经过独立的思考，应该都能够明确，那些所谓的“好词好句”，那些看起来很美的景物描写，实际上对论证你的观点这一终极目的几乎是没有帮助的。我们要充分地相信阅卷老师的能力，只要是废话，不管是一写一段的材料、一举一段的例子，还是金玉其外的“好句好段”，阅卷老师都能够一眼看出来，并在心里自动给你的文章降档。其实，写议论文很容易——什么对论述起帮助，就写什么，其他的统统扔掉。

那么，是不是我们背的名人名言都白背了呢？也未必。如果是有针对性的名人名言，在合理的地方使用，的确能够起到帮助我们论证观点的效果。你在写苦难的话题时加一句“天将降大任于斯人也”，写乐观的话题时加一句“我言秋日胜春朝”，写学习的话题时加一句“书籍是人类进步的阶梯”，都是有助于进行论证的，也不会导致丢分——这叫作“引用论证”。当我们的观点得到前人的语录支撑，我们的论述也会显得更加有力。

说完了“好句好段”，咱们再来聊聊所谓的“学生腔”。“学生腔”和“好句好段”一样，也是典型的小学遗留产物，主要表现为——很难描述，但一看就知道是个中学生写的。举个例子：“我们正值青春年华，面对未来和自我的挑战，只有独立自主，青春才能变得色彩斑斓。只有不满足于已有的成绩，拿出‘苟日新，日日新，又日新’的姿态，我们的每一天才能过得充实而有意义。独立的路怎能不跌跌撞撞？唯有一路向前，才能让青春在梦想的天空下自由翱翔。我们只有用辛勤的汗水铺成通往独立的大道，越过泥泞奋勇向前，高扬青春的旗帜，才能让青春的颜色变得多姿多彩，让青春的价值在其中彰显。”

我们提取一下这段话的关键词：青春、梦想、天空、颜色、汗水……是不是感觉格外熟悉？似乎在很多类似主题的作文里，我们都可以看到与之相似度极高的词语以各种不同的形式排列组合。我可以很明确地说，这种形式的句子你可能写起来很顺畅，但阅卷老师一看就会减分——因为其中几乎不蕴含任何有意义的东西，和主题的关联度也并不高。以上述语段为例，虽然它提到了“独立”之类的扣题的词语，但大多数的文字依然是非常“模板化”的语句。顺便补一句，什么叫模板？套在哪里都能用，但与主题相关度不高的句段，言之无物且看起来非常“程式化”的东西，就叫模板。不管在文章的哪个部分，能不用模板就尽量不用的好。

字迹潦草

字迹这个东西本来已经不想再提，但很多同学没有意识到它的重要性。除非你真的能保证自己写文章的水平相当突出，有着格外引人注目的亮点可以吸引到阅卷老师，否则我建议你还是一笔一画地写字。如果你的字迹特别漂亮工整，真的是可以加分的；如果没有办法做到漂亮工整也没有关系，起码要写清楚，就是让阅卷老师以最简单、最轻松的方式，一眼就能看清你写的每一个字。如果字写得真的特别差，建议稍微练一练，练正楷到能够看清的程度就可以了。否则，一篇本来可以得50分的作文，会被埋没到46分、47分甚至更低，这是再正常不过的事情。字迹和标题，是阅卷老师对一篇文章的前两个印象，凭借这两点，其实阅卷老师已经对文章有一个初步的认知了。所以，想办法，拿下它们！

标题随意

有一种完全不能起的标题类型，是把立意直接写作标题。例如你的主要话题是“爱国”，但如果作文题目直接是“爱国”两个大字，相信是个人都要吓一哆嗦。其他如“宽容”“诚信”等，这里不再一一列举了。还有一种情况是标题来自材料中的例子，这通常是因为没能区分材料和立意（立意中是不出现材料事例的），应当避免。如果觉得引用古诗词之类的太难，标题也要尽量凑5～8个字，左右各3个字或者各4个字也是不错的选择。比如“爱国”主题就完全可以扩展成“以我忠志报我家国”，这样看起来是不是就顺眼多了？当然，如果标题能够另辟蹊径，第一眼就吸引阅卷老师的眼球，自然也会加分。

以上就是作文中经常出现的几个“坑”，毫不夸张地说，只要踩中其中一个，你的作文就会减色不少，甚至被认为有着致命伤，从而被算作二三类文章。希望同学们在写作时都能成功避开这些“坑”，努力做到立意准确、字迹工整、标题引人、结构合理、富有文采，在不断的训练中，努力让自己的写作能力更上一层楼！

04 初高衔接秘诀篇

初高衔接阶段常有“陡坡效应”。

究其根本，

就是高中知识和能力要求的急剧变化和

学生心理、方法调整慢的矛盾。

步入高中，

同学们来到新的起跑线上，

面临崭新的人生旅程，

应该如何在开始前就做好准备，

这是一个必须认真思考的问题。

初升高，如何在语文学习上先声夺人

徐丽博

高考总分：**627** 语文：**117**

毕业于黑龙江省牡丹江市穆棱市第一中学

2018年考入北京大学外国语学院

内容导读

从初中升入高中的这段时间，是人生非常重要的一个过渡阶段。高中不再是九年义务教育，竞争更加激烈，要求同学们对知识掌握的程度更高。如果能够做好准备，及早适应高中生活，无疑会让你领先于同龄人，在学习这件事上，也更能充满干劲。我的经验和建议就是把握好中考结束后的这个暑假，通过大量的阅读拓宽视野，预习教材以领跑前线，养成专注的好习惯，掌握规范答题的方法，并且训练自己的记忆能力。

中考结束就没这么累了？真这么想就会迎来“当头一棒”！

世界上最让人心酸的谎言就是，“加把劲吧，等小升初考试/中考/高考结束了，考上初中/高中/大学就轻松了”。我以过来人的身份告诉你：人生的每一个阶段都会面临新的挑战，想让自己在新的环境中过得舒服一些，只能未雨绸缪，事前做好充足的准备。所以，对于初升高的你来说，赶紧趁着中考刚刚结束的那几天好好休息，之后就拿起课本，哪里凉快就去哪里预习吧。因为这个看上去最轻松的暑假，就是你抢占先机、领先他人的最好机会。那么，我们如何合理利用中考结束后的这个暑假呢？我认为扩大阅读量和提前熟悉教材是适用于所有人的。

扩大阅读量，要先学会挑选图书。如果类似于《朝花夕拾》《骆驼祥子》《西游记》《红楼梦》《论语》《鲁滨逊漂流记》这样的初中生必读书目你都没有看过的话，我建议你把这些功课补全。如果你的基础很好，这些书都读过，那么就找一找高中语文课本后面的推荐阅读书目，挨个浏览一遍，增加自己的熟悉感。书，宁愿不读，也不看“烂书”。读书不但要读得广，还要读得精。“广”就是跳出文学范畴的阅读范围，历史、科技、军事、政治、社会等方面都要有所涉猎，正所谓不欲“治经为博士”，“但当涉猎”，开阔视野耳。“精”就是把觉得有深度的某一本书，反反复复地看。这个暑假，就是用来开阔视野，跳出课本束缚的。每个人读书的速度不同，有快有慢。如果想提升自己的阅读

速度，就要集中注意力，并且看完一部分内容就合上书在脑海中回顾一下，想不起来就翻书看看。因为高考语文试卷对学生的阅读速度是有要求的，整张卷子的阅读量在万字上下，所以快速地、有效率地获取文章信息的训练是非常有必要的。高中的阅读思考部分对深度的要求大大提升，但是这时候你的思维可能还停留在初中，如果想改变这种情况，应该怎么做呢？我建议你可以在看完书之后找一找书评，看看学术泰斗们的见解，或者去社交软件上看看我们身边的人是怎么想的。通过这些方式，你可以快速地学习以不同的角度进行读书和思考。另外一个读书的要点就是要实现浸入式阅读。读书尽量不要看得断断续续，最好心无旁骛地一口气读完，把自己带入情节中去。对于不同基础的人，暑假的任务是不一样的。基础薄弱的同学应重点回顾一下初中的内容，如相关诗词的背诵、字词的掌握、成语的区分等。基础好的同学可以通读几遍高中教材，为学习以后的课程做好准备。

几种习惯，杜绝上课开小差

要想学习好，上课认真听讲是第一要务。不要抱着“语文不是我从小说到大的吗，还用听什么课”的想法，就在语文课堂上不认真听讲。语文课的特点就是知识点分散而重要，你不知道老师在课堂上强调的哪个知识点就可能成为以后试卷上的题目。所以同学们还是杜绝在语文课上开小差，认真徜徉在知识的海洋里吧！那么我们如何克服开小差的情况呢？

首先，要跟上老师的思路，老师讲到哪里，就听到哪里。如果老师没有指向性地提问，你可以举手回答，并且时不时地与老师进行眼神交流，传达自己是否听懂，有没有疑惑。说白了就是要提高课堂的参与度。在课堂上，如果对某一点有疑问，不要一直纠结，把它记在练习本上，等到下课找老师解惑，或者在网络上寻找答案。

其次，要保持充足的睡眠时间，无论是因为玩还是学，熬夜都是不值得提倡的。只有保持充足的睡眠，你才能集中注意力。而且学习是赶早不赶晚的事情，如果作业堆积没有完成，宁可早起，也不熬夜。

最后，不要买模样新鲜有趣、颜色艳丽的笔和本子，它们也很容易让你上课走神。听课时不驼背，不用手托腮，不趴在桌子上，让身体肌肉保持舒适程度的紧张，不要让自己太过放松，否则很容易进入梦乡。如果上课的时候感觉自己注意力分散或者想睡觉，可以喝口水清醒一下，或坐在椅子上有规律地摆动自己的身体，驱赶困意。下课时可以出去走一走，吹吹风，适当运动运动，让自己精神起来。

背诵一套高质量模板

来到高中，挡住你的第一关可能就是答题的规范性问题。在初中，老师对于答题的规范性可能没那么强调，但是来到高中我们一定要有规范答题的意识。我记得高一的时候，我的语文成绩不是很理想，原因就是答题比较啰唆，一道用两三行字就能答完的题目，我用自己不规范简练的语言能写五六行。这样没有重点的回答，即使可能含有正确答案，也有被打低分的可能性。而且在简答题上写太多字，会花较多的时间，从而大大压缩后面写作文的时间。为了改善这一点，我总结了几个模板，通过相同题目不同模板的对照，找出每个类型题目的打分点，从而形成一份高质量的答题模板。考试的时候按照打分点写答案，组织语言。同时需要说明的是，答题模板不是固定的，答案与题目的关系不是一成不变的，只要你觉得是正确的打分点，都可以用规范的语言写上去。这也算是对答题模板的一种活用。当然，使用答题模板是一种方法，但要想真正掌握技巧还是要在做题的实战中训练。除了背诵答题的要点，诗歌情感描写的专用词汇，如忧国忧民、怀才不遇、羁旅愁思、长亭送别等；诗歌意境、语言风格的分析词汇，如清新自然、质朴纯真、炫目明丽、萧索凄凉等，对这些内容的积累也是很重要的。

让作息时间和良好的学习习惯相结合

从上初中起，我基本就养成了晚上9点前睡觉、早上5点起床的习惯。睡觉之前把这一天的作业清理完，第二天早起，看一下当天的课程表，对老师可能会考查或者讲授的内容加以复习和预习。最好是读出声，甚至可以大声朗诵，这样被老师抽背的时候心里不慌，学习新课也能跟上节奏。更何况，早起大声朗读还能让你迅速进入学习状态，驱赶睡意。试问早上7点30分上课，一个7点起床匆匆赶到学校的人，和另一个5点就开始精神抖擞背诵课文的人，哪一个能更快适应课堂？自然是后者。但是养成一个好习惯确实不容易，人们的学习、生活是有惯性的，无论好坏，一旦养成，想要改变就不是很容易。觉得困难的时候，一定要咬牙坚持，等形成习惯了就会舒服很多。可以在每一个清醒的大块时间里设定一个学习任务。比如起床到早自习期间大声晨读，中午吃完饭后用午休时间清理上午的作业，下午自习课整理笔记，等等。务必不要让自己闲下来或者把时间浪费在无意义的事情上，更不要发呆，要把学习习惯和生活习惯相融合，形成一种属于自己的节奏。我一般都会在身边准备一个作业本，上面记录着任务，做完一样就划掉一样。一天下来，看着被清理掉的任务，会产生一种成就感，这种成就感也会促使我坚持良好的学习习惯。

高中语文是一门需要做笔记的科目

语文学习杜绝依赖语感。高中语文其实是一门理性的科目，有些基础知识不掌握，做题时只会无能为力。掌握这些基础知识的方法就是做笔记。上课的时候怎么做笔记呢？6种颜色的荧光笔一直都是我学习的好助手。把老师强调的教材的内容按照自己的逻辑划分层次，同一层次的内容用同一种荧光笔标注，翻阅起来非常清晰。如果有必要，还可以在荧光标记旁边用碳素笔做笔记。五颜六色的教材绝对比原来光秃秃的课本更容易吸引你的目光。人的大脑和眼睛对颜色变化是很敏感的，把同一层次的内容用相同的颜色标注有助于厘清教材知识点的联系。课上记笔记很重要，课下积累的笔记也很重要。记录华丽优美的字词句段是一个很好的习惯，而且不仅是字词句段，一些文学常识、文言文词汇解释等都可以记录到笔记上随时翻阅。上学的时候，老师经常说数学要有错题本，但是我觉得语文也需要记录错误，总结经验。不同于数学，语文有很多阅读题目，记录到笔记上有点麻烦，这时候不妨在卷子上、练习册上做笔记，并及时订装。反复研究自己的错题，能够让我们寻找自己薄弱的地方加以改进。

好的记忆力是可以锻炼出来的

我并不是一个记忆力多么出色的人。小时候背课文，别人读几遍、用几十分钟就能背下来的内容，我要花费几倍的精力才能消化。但是到后来，我背诵东西的速度就变快了，而且记得也更加牢固。这是为什么呢？因为好的记忆力是可以锻炼出来的。大脑就像是一把刀，一旦不用，就会生锈，所以平时就要有意地保持记忆的活跃状态，也就是随堂出现需要背诵的内容就随堂背诵，让大脑有一个印象，这样也方便复习。我认为背诵最好的方法就是大声朗读，做到心到、眼到、口到。第一遍，带着思考厘清脉络；第二遍，不看教材，尝试着背诵，在出现卡顿的地方迅速看教材巩固；第三、四遍都是重复第二遍；第五遍，完整地读一遍；第六、七遍抬头背诵。七遍为一个循环，大致就能把内容熟记于心了。一次背诵也不要贪多，一两句话就好。进度虽慢，但慢工出细活，以后复习的时候就会有感悟。这样做，自己确实能够扎实地掌握知识了。多次循环对大脑也是一种刺激和锻炼，长期坚持，记忆力会变得越来越好。出声朗读能够在你发出声音的时候，促使大脑、嘴巴、耳朵和眼睛进行反应，让你花一遍的工夫就能获得很好的效果。出声朗读还能够提醒自己不要走神，有利于集中注意力。人的记忆是有周期规律的，也就是人总是会慢慢地忘掉部分东西，因此对学过的东西要及时复习。月考就是一个非常不错的复习契机，以考试为目的回顾学过的内容，产生的紧迫感会让你更高效地记忆。当需要记忆的材料数量很多的时候，我建议把它们适当地分成若干个小单元，依次记忆，并且寻找小单元之间的关联。比如背诵《离骚》，文章太长怎么背诵呢？我们可以将其分成不同的部分，某一段时间只背诵一部分，然后找到部分与部分间串联的关系以防止卡壳。另外，记忆是一个循序渐进的过程，你所学习的新知识其实都是建立在原有知识的基础上的，所以可以通过与旧有记忆建立联系来加深对新知识的印象。

语文学习关键：打牢基础，勤于动笔

李若白

高考总分：664 语文：138

毕业于北京师范大学附属实验中学

2018年考入北京大学中文系

内容导读

语文单科分数无论在中考或是高考中，占总分的比例都比较大，所以语文有着举足轻重的地位。但是很多同学对语文的重视程度不够，尤其是在语文成绩分化还不明显的初中阶段。其实高中的语文成绩和初中时的语文学习息息相关，在初中时期养成良好的语文学习习惯，不仅可以使自己在中考中获得优势，更有助于高中阶段的语文学习。初中阶段最重要的就是明白语文的重要性，明白学好语文和学好其他学科一样，需要背诵、做题，一定要勤于练笔，而不是靠运气和感觉。勤于练笔，关注语文的基础知识，才能在初中阶段打牢语文基础，也才能让之后的语文学习更加事半功倍。

语文一直是我的优势科目，我自己也比较喜欢学习语文。不可否认的是，是否可以学好语文这门学科和学生的性格、爱好有一定的关系：一般来说，喜爱阅读、记忆力好、表达能力强的人更容易学好语文。不过性格和爱好只是加分项，不是决定因素。真正决定语文成绩高低的因素其实和其他学科一样，都是自己付出了多少，以及是否掌握适当的方法。

有些高中阶段的学弟学妹曾经问我如何提高语文成绩，对于高一、高二阶段的同学，我的建议是要打牢基础，但如果能够早点在初中阶段打好这个基础，高中时期学习语文就会相对轻松。在高中阶段，我们面对的学习任务更重、更难，如果能在初中阶段就学好语文，高中时就可以把更多的时间和精力分配给其他学科。我初中时的语文成绩较好，步入高中后没有在语文学习方面额外下功夫，但语文一直可以作为优势科目给我的总分提分。正因为如此，我有更多的时间学习数学和文综这两个对于文科生而言更能拉开分数差距的科目。所以我想和大家分享一下自己在初中阶段学习语文的方法，希望这些方法可以帮助大家在学习语文的道路上走得更加轻松。

端正态度，打牢基础

看这篇文章的同学应该大部分还在念初中，大家可能会觉得班上同学的语文成绩分化不是很严重，学得好的和学得一般的同学在考试中的语文成绩差距不大，所以并不会在语文科目上花费额外的精力，甚至面对老师布置的作业也经常会敷衍了事。但是，进入高中阶段后，大家就会突然发现自己的语文水平和别人有了差距。以北京的语文高考为例，

130分是一个坎，很多同学的语文成绩很难达到130分，但是部分语文学得好的同学却基本可以稳定在130分以上。高中阶段的语文分数更类似于一个等级划分，而不像初中那样分数通常只差几分。在高中，要想实现等级之间的跨越需要额外花费很多的时间。其实，这种分化早在初中阶段就有了伏笔，那时的语文成绩看似分化不严重，却已经奠定了分化的基础。我们需要看到这其中的“草蛇灰线”，更需要尽早进入状态，将语文当作一门重要的学科来学习。

学好语文需要重视阅读。这是一个老生常谈的方法论，不过仍希望大家可以在初中阶段培养阅读习惯，如果可以爱上阅读，那么之后的语文学习就会省力很多。如何培养阅读习惯呢？其实所有方法都离不开一个步骤，那就是拿起一本书，开始读。如果实在对阅读没有兴趣，这会是很可惜的，因为一个对阅读没有兴趣的人，是不太可能在语文学科上登峰造极的。不过幸好，还有其他的办法可以使我们取得一个不错的语文成绩。

为了能长久地在语文学科的分数上拥有优势，初中阶段的我们要做的第一件事就是端正态度。之所以强调这一点，是因为很多同学学不好语文的关键就在于没有一个正确的态度。同学们通常认为作文靠运气，语文成绩靠“人品”，而数学、物理这样的学科才真正靠的是平时的努力。其实这种想法是大错特错的，虽然我们对语文并不陌生，但是当日常使用变为考试后，它的性质就发生了改变。一个学科一旦进入了考试系统，就一定有其规律和方法，我们必须遵照其规律和方法，才能取得高分。语文并不是会说话就可以学好的，这是处于初中阶段的大家需要再三告诫自己的。

接下来我为大家讲述具体的方法，其中并没有很高深的道理，为了能够打牢基础，我们要做的简而言之就是4个字：勤于动笔。

勤于动笔，把握基础知识

对于初中语文而言，打好基础是关键，而打好基础最有效的方法就是动笔练习。解答阅读题有一定的方法和结构，我们可以轻易地从网上或教辅资料上找到“模板”，虽然不是每道题都可以套用，但是只要掌握了模板，按照模板作答，短期内语文成绩就可能有明显提升。至于作文，其成绩提升并不在于练习的数量，更多的是需要琢磨和积累，一味地练习写作也未必能有质的飞跃。只有基础知识，是可以甚至一定需要通过大量的练习来掌握的，基础知识包括但不限于字音、字形、词语、成语、病句以及所有的文言文类知识点。

一般而言，语文老师是以课文作为讲课的基础的。我在学习现代文的时候，会一边预习一边标注出自己不熟悉的字的字音，以及标记出认为自己可能会写错的字。尤其是形近字，比如“戮”和“戳”，或者易混词，比如“善于”和“擅于”分别在什么语境下使用。我一般会将这些易错点用荧光笔画出来进行标记。另外，无论是学习课文还是平常练习或是考试，我都会在完成后画出其中涉及的成语。即使这个成语不是考点，我也会画出来，然后通过查成语词典或者上网查询的方式了解这些成语的意思。我还会把各个成语的意思抄写在对应成语的旁边（这是重点）。只是查询意思是远远不够的，我们必须把意思抄下来，这样才能记住。凭借这个方法，我在初中阶段积累了大量的成语，之后不仅在考试中很少遇见自己不熟悉的成语，而且还能将积累的成语应用在作文中，使语言更加优美生动。

平日里，我会大量总结基础知识，考前会再次复习，从而加深印象。很多同学在语文考试前的复习往往就是背诵默写篇目，能在考前把默写篇目动笔默写一遍的同学已经是凤毛麟角，更不用说有时间复习其他内容。而我在初中阶段复习语文基本分为3个步骤。在语文考试的前几天，我会分期、分批地整理自己的笔记，把平时用荧光笔画出来的易错音、易错字、近义词、成语等工工整整地抄写在一张纸上，再补充上每一课的文学常识，然后时时拿出来翻看，一次次加深印象。在考试的前一晚，我会默写所有的默写篇目，然后自己进行校对。很多同学都有过这样的经历：背诵的时候觉得自己绝对不会写错的字在考试的时候出了错，看到平常背诵时从没有注意过的字出现在考卷中，自己就开始犹豫。但是，如果自己在考前真真正正地默写了一遍，其实就不会出现类似的问题了。每个人容易出错的地方都不一样，老师反复强调的字因为印象深刻反而不容易出错，我们往往在最始料不及的地方出现失误，所以考前动笔默写非常重要。除了默写，我还会把自己往日里写的作文看一遍，看看自己写得好的文章，然后就会早些休息了。

在考前整理并总结基础知识的这个习惯，我一直延续到了高中。每次语文考试的当天早上，我都会早早来到学校，拿出自己整理好的笔记，再静下心来看一遍，看看自己最不熟悉的字词，看看自己最陌生的成语的意思。

我的考前整理的3个心得

1. 没有自己动笔积累，知识就不是自己的。
2. 不去押题，不考虑考频，每次都是事无巨细。
3. 抄写之于语文从不是无用功，一门语言，只有你越熟悉，才能运用得越得心应手。

文言文学习，做好三行对译

读初中时，除了整理现代文范围内的字音、字形、词语、成语等基础知识，我还会进行一项更加系统的工作。这项工作给我的高中语文学习带来了很深远的帮助。这项工作是关于文言文学习的，简单来说也就是勤于动笔。

初一开始，我的语文老师要求班里同学做文言文三行对译。在初中，大家对于这项工作应该并不陌生，而且很可能不胜其烦。三行对译就是原文一行、注解一行、译文一行，写在一个专用的本子上，用于预习文言文。在之后老师讲解的过程中，我们可以补充、修改自己的笔记，最后用作复习。这个方法对学习文言文很有效，因为抄写一遍原文，可以帮助我们扫清字音、字形的障碍，对文章更加熟悉；抄写一遍书下注解，可以帮助我们掌握文言文中最关键的实词和虚词词义；自己翻译并写下译文，可以帮助我们疏通文义，在实际操作中掌握文言文的语法规则。做这样一项工作，几乎就把一篇文言文需要掌握的内容全部涵盖了，可以说是很有效率的。

最开始，学习的文言文篇幅不长，大家都能按照老师的要求一丝不苟地完成。后来，文言文的篇幅逐渐变长，其他科目的作业也逐渐变多，大家就想出了一些“省力”的方法：书下注解尽量少抄一些，译文也直接从网上找，而不是自己去琢磨。再到后来，尤其是升入初三和高中以后，有的同学甚至买了文言文教学参考书，直接将翻译和注释剪下来贴在本子上，再用批注的方法补充一些，就算将一篇文言文预习完了。这确定是一个高效的方法。

我在做三行对译的时候，力求仅凭书下注解就能翻译整篇文章，几乎不用看教辅资料。当然，我也会遇到翻译不出来的地方，这时我就先将无法翻译的内容空在那里，等到老师上课讲解的时候再用异色笔填写上去。这样做的好处有两个：一是我可以清晰地知道自己翻译的难点在哪里，二是复习的时候重点会特别明确。在抄写书下注解时，我会把所有虚词用蓝色笔写，所有实词用黑色笔写，自己不熟悉同时又觉得是重点的词用其他彩色笔写。这样做有利于我在课后清晰地整理虚词的词义。大家都知道虚词数量有限，每一个词的意思也有限，整理完一个就少一个，而且一篇文言文中会出现很多“而”“之”“乎”这样的虚词，我们可以在每学完一篇后就整理一篇一词多义。并且在复习的时候，我们还可以再次加深自己对不熟悉的词义的印象，一举多得。

上了高中，文言文成了我学习语文的一大优势。课内出现的所有实词，我都可以说出它出现在哪一篇文章中，而且我做文言文阅读题的速度非常快，又因为基础知识题做得快，所以整张试卷的完成速度比大部分同学都快。快而准，是考试对我们的要求，我反复强调基础知识部分必须完成得又快又准，这样我们才能有更多的时间构思作文，而不是用30分钟写出救急文章。高中较强的语文学习能力和初中良好的学习习惯打下的基础有重要关系，基础扎实，才能越学越轻松。

我的学习方法听起来可能有点“笨”，不过语文归根结底是一门语言，语言的学习，哪有不枯燥的呢？没有反复练笔，怎么可能做到精通呢？学习方法不是捷径，只是一种心得体会，至于大家是否愿意下功夫去做，做到什么程度，还是取决于个人的决心和毅力。